深圳城市读本 *SHENZHEN URBAN READER*

中心区变形记

Metamorphosis of the City Center

中心区变形记

Metamorphosis of
the City Center

—

深圳城市读本
SHENZHEN
URBAN
READER

—

第一辑
001

—

深圳市
城市设计
促进中心／著

深圳报业集团出版社

深圳城市读本

中心区变形记

Metamorphosis of the City Center

前

前言

刘磊 *

从 20 世纪末开始，深圳成了高速城市化的代名词，过去几十年的建设发展被视为全球城市史上的奇迹。相较于人类数千年的城市发展来说，深圳非常年轻，但过快的发展并没有留给我们太多的时间去总结，去思考。为了弥补这样的缺失，深圳市城市设计促进中心和深圳报业集团出版社共同策划了《深圳城市读本》，尝试以一部记录深圳的书集来呈现城市规划建设及背后不为大众熟知的故事，我们期待以这种方式可以最终拼绘出关于深圳城市发展的历史。

中心区被选择作为了解深圳城市发展的代表之一。它是当代深圳的中心——不仅仅是这座城市的政治、经济和文化的焦点，同时也很可能是每位来到深圳的人对这座城市的初步印象。不管是市民中心的大屋顶，还是市民广场的巨大尺度，或是周边林立的高楼大厦，这些印象已经成为深圳符号，一种由地标的识别而演变成的城市名片。

2017 年初，我们组织了一次城市漫游，让亲历中心区建设的规划师带着年轻的城市写作者漫步中心区，亲身体会城市，观察空间特征，发现使用状况，与同行沟通观感。漫游活动的步行路线穿梭在中心区的建筑群中，途经代表性建筑或城市空间时由规划师讲解设计历程和背后的故事，并与城市写作者们交流想法。活动后，部分参与者还写下当天的过程，并通过新媒体传播自己的体验和感受。

这次城市漫游也促成了本书的策划构想，即通过联合写作来对中心区进行空间解读、评论和再创作。这种方式是一个新鲜的尝试：在共同讨论写作框架的基础上，个体作者可以自由地研究和创作，然后再集合成书。我们把再创作的机会交给了一群本地的年轻作者，让这些充满好奇心的年轻人去现场观察、向亲历者提问、与设计师交流和用文字表达，并发展成策划的叙述线索。类似于本雅明笔下的“闲逛者”，他们用个人体验介入空间，用文字促成对城市、文化和意识的捕捉。

除了对实体空间进行解读之外，本书把看待中心区的视角带到了一个更广的时间维度，以插画的形式回忆了建设之前的历史，意图表现对土地原貌和原有村落及文化的尊重。写作团队还注重观察空间中的人和行为活动，并将城市生活、历史文化、背景故事与个人的空间感受联系起来，构建了一种虚实交错的可能。

* 刘磊：深圳市城市设计促进中心总监

1 市民中心
2 中轴线
3 深圳少年宫
4 深圳文化中心
5 中心书城
6 深圳证券交易所
7 “十三姐妹楼”
8 “水晶岛”
9 “绿色的云”
10 岗厦

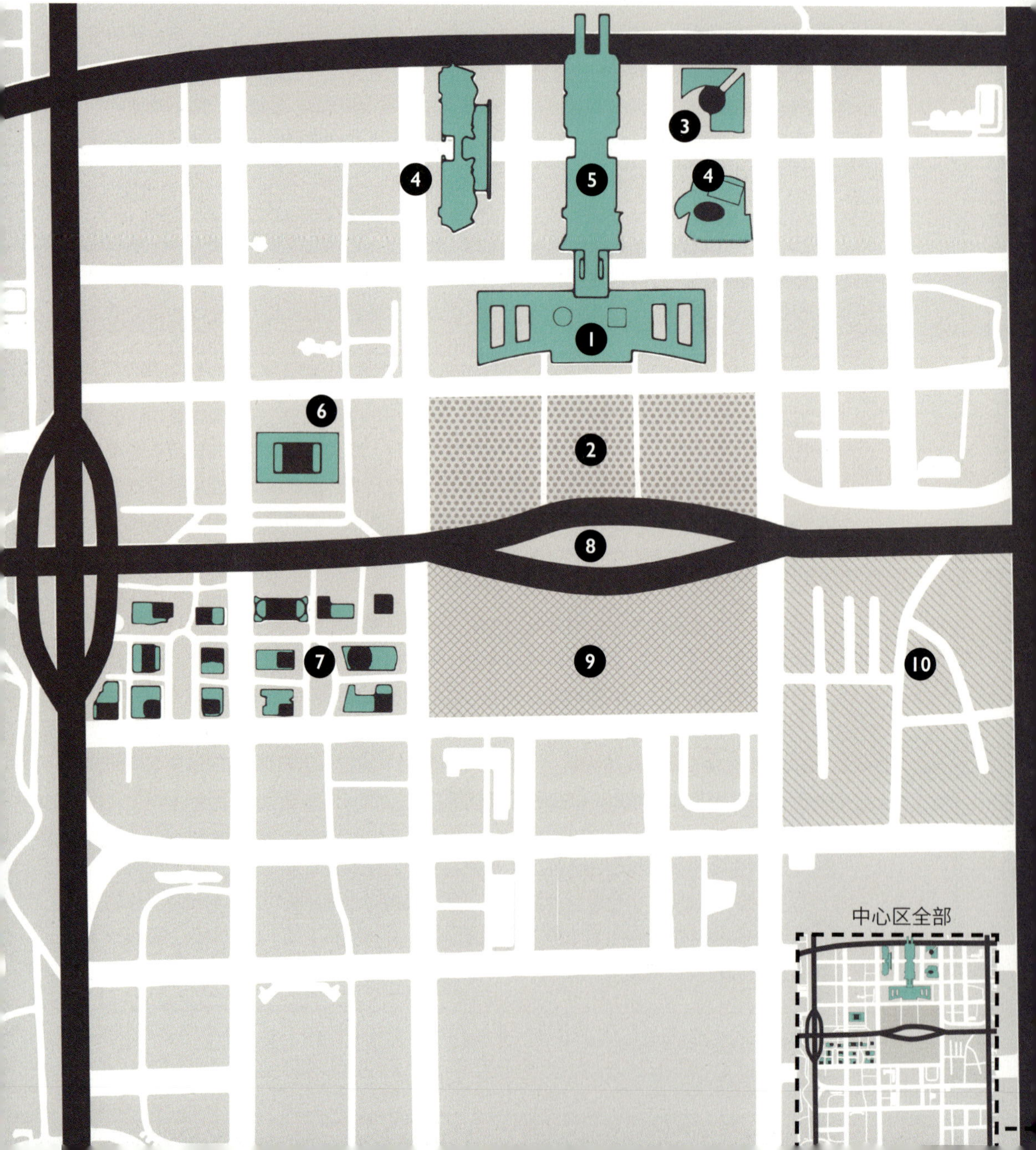

目录
contents

深圳城市读本

中心区变形记

Metamorphosis of the City Center

壹

中心区未定义

元朝至正年到1980s

插画 | 肖亚茜

文字 | 袁艾家

祠公氣祝

开基：岗下文萃公

元朝至正年间（1341—1368），文天祥后人文萃公带领族人来到今天的福田中心区一带。“当时福田的地貌北有连绵起伏的山岗，其中较高的一座为大和岭（即今日之莲花山），山上有成片的松林，犹如随风摆动的‘凤尾’；而山下遍布鱼塘，土地肥沃，两边则有丘陵向谷地延伸，被称为‘凤头’。”（原载于《文氏通谱》）风水先生认为这是一块风水宝地，于是族人决定在此建围定居，并因其地貌特色取名为“岗下村”，这也就是中心区唯一的城中村——岗厦村建村之始。

岗厦村原为“围村”形制，以庙为宗，分为“东头庙”（现今彩田路东大中华处）以及“西头庙”（现今深南大道嘉麟豪庭以南）。建于清朝的“五房祠”位于现今彩田路岗厦村西面入口处（1991年彩田路拆迁时被拆除）。砖木结构，大门左右有两根红色旗杆，门顶镌有“淑气公祠”，全村男丁都须为建祠捐款，新添男丁则会到此入族，俗称“点灯”。

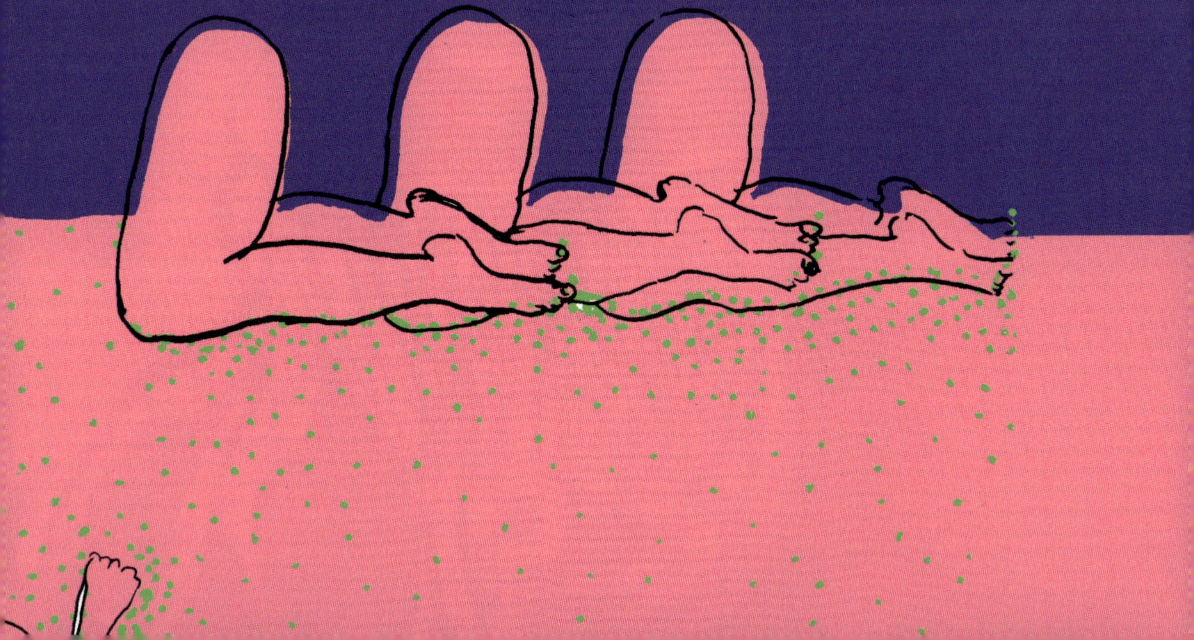

水田、鱼塘和番薯

岗厦村原有5500多亩地(现今滨河路以北，原梅林二线关以南，皇岗路以西，益田路以东，包括莲花山、冬瓜岭都是岗厦村的祖地，基本涵盖了今天的福田中心区范围）。岗厦村民主要以耕田为生，辅以鱼虾养殖，因为水田薄收，须以一年三季种植的番薯为主粮，时常想吃海鲜，而沿海分布的村落又对产自山地的柴木有需求，双方很早就开始了换物贸易。

土地改革

中华人民共和国成立后，岗厦村兴起热火朝天的土地改革，不少攒有土地和房屋的村民被打为地主。岗厦村成为“宝安县附城公社岗厦大队”后，将所有土地收为公社所有，严禁私人开荒种地和搞副业。

1958年，岗厦大队建起了“大饭堂”（位于现今彩田路与岗厦路中间，1991年被拆除），村民可以到此免费吃饭，但随着粮食歉收，这种“大锅饭”政策很快难以为继……随后到来的“文化大革命”，更是让岗厦村民疲于奔命。

上田 1980：春潮涌动

深圳经济特区于 1980 年成立，第一届岗厦村委会在 1984 年掀起第一次创业浪潮，不少农民开始“洗脚上田”。岗厦村民想拆掉旧有的瓦屋改建新房，就托亲戚从香港买来布料、电子表、丝袜等小商品到深圳转卖，攒够了钱再到香港买回水泥、钢材。

1986 年，岗厦村委利用集体用地兴建了四栋厂房，并向村民募集资金入股，其后陆续兴建了十多栋厂房，形成颇具规模的“禾下工业区”，还配套有近十栋工人宿舍，引入各种“三来一补”企业。由于岗厦毗邻香港新界，很多港商陆续到此投资，遍地兴起各种电子厂、制衣厂、玩具厂、印刷厂、手袋厂、文具厂……

上田 1980：“种房子”

闻风而来的南下打工族很快席卷了岗厦村的出租房，村里那些“三步一岗、五步一哨”的手写招租小广告，很可能就是他们第一眼的深圳记忆；而从出租赚到甜头的村民，也开始乐此不疲地“种房子”，成为二次致富的包租公、包租婆——一座尚算粗糙而又热烈的工业城市，就这样从曾经的稻田里破土而出。

春天的故事

春天：“城中村”

20 世纪八九十年代的深圳出租屋，是南下年轻人心里的一个新“乌托邦”：城中村是一个自成一体的小社会，廉价的吃喝玩乐既满足着所有人的精神和物质需求，也消弥了打工族和生意人之间的微妙差别。这也许是深圳最为懵懂的理想主义年代，所有怀揣技能的年轻人都急于在沉闷的体制中撕开决口，于是在正职之外寻找第二收入的“炒更”成为当时潮流——老师们开始办起了补习班，画家们接着单子画起了“行画”，还有很多歌手走进了灯火辉煌的歌舞厅……这一切共同构成了那个年代普通人对“致富”最朴素的想象。

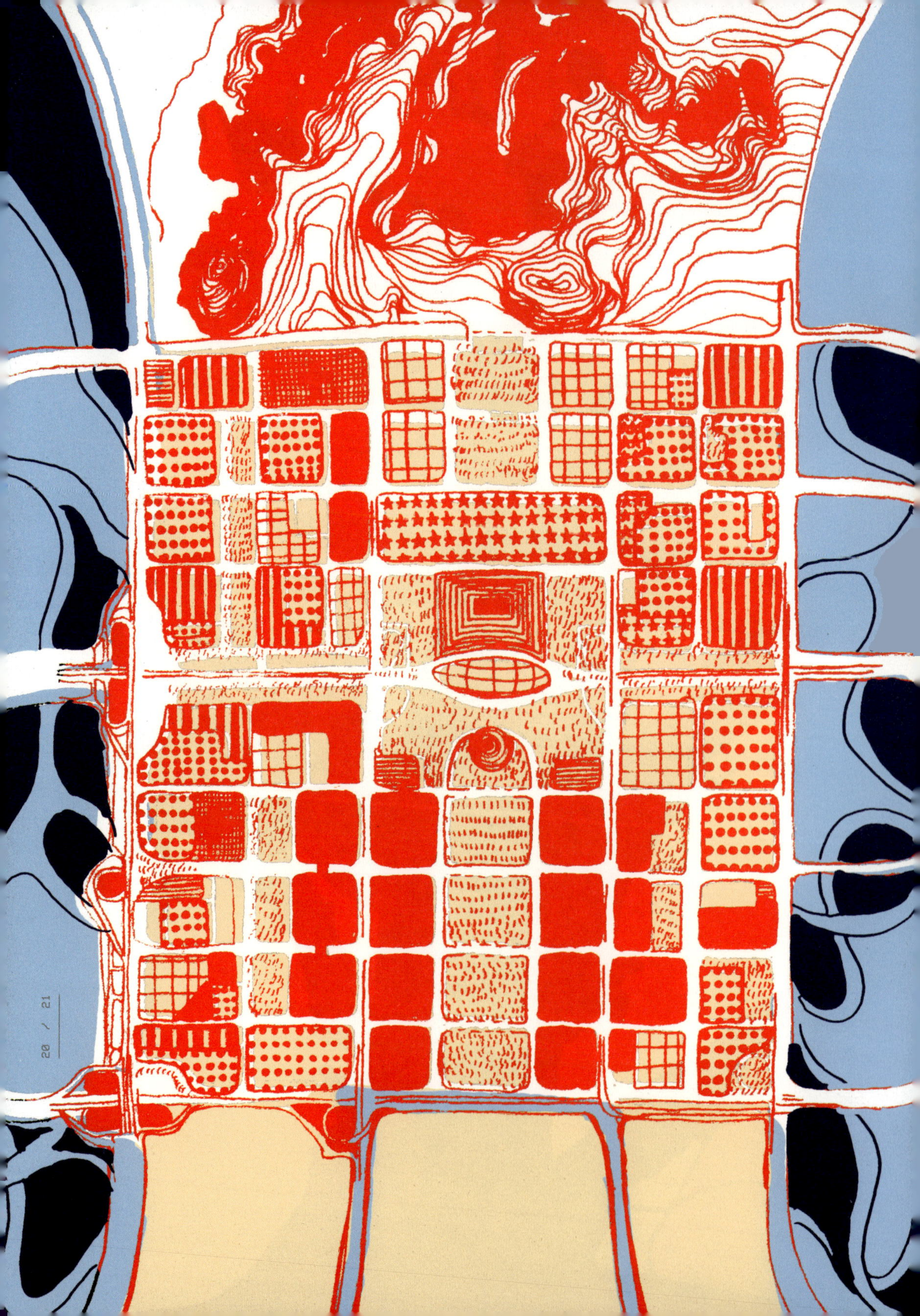

春天：造城计划

随着作为深圳特区一次创业的罗湖中心区基本建成，因为东临梧桐山天然屏障，特区发展面临西拓需求。当时岗厦村已有“农村城市化”、“村民转居民”的政策风向，随着“福田中心区”的规划一步步从纸上变为现实，原有的“三来一补”企业纷纷撤离，旧有的厂房开始凋败，村民们也陆续搬到高档小区……以“旧村改造”开始的造城计划摆在了决策者和规划师的面前，而在岗厦村民的眼里，这一切的到来，正是由那条小小的石仔路变成今天的深南大道开始的。

贰

中心区
作为试验田

——1990s 至今

1

站在中心区的起点上

袁艾家

在 2011 年的深港城市\建筑双城双年展（简称“深双”）上，出现了一个“6 小于 60”的主题展区。“6 小于 60”的意思是，全世界范围内 6 座建成年龄小于 60 岁的城市，它们分别是昌迪加尔（印度，1953）、拉斯维加斯（美国，1959）、巴西利亚（巴西，1960）、哈博罗内（博茨瓦纳，1964）、阿尔梅勒（荷兰，1976）、深圳（中国，1979）——这 6 座城市都是诞生在第二次世界大战之后，可以说是代表了战后人类文明对居住环境以至社会文化的全新探索理念。

在这 6 个“新生儿城市”（对比漫长的城市史，未满 60 岁实在算是“婴儿”）当中，深圳是最为晚近的一次实践。仅仅经过 30 多年，我们已经能够把深圳当成一个发育成熟的城市躯体来对待——人类居住所应有的功能，早已遍布这座城市的各个角落；随之而来的，大家对这座城市提出的批评以及期待，也正是源于把它看成一个尚算成功的实践标本，而不再把它仅仅看成是一个“概念”了。

但这一切是在历史动态中逐步生成的。从经济特区最早的定位可见，当时国家计划是在广东、福建等沿海地区建立一批利用境外资金、信息、技术和先进管理经验的“窗口”——这类目标带有浓厚的功能主义色彩。也许回到 1980 年代的历史现场，每一个置身于深圳特区的当事人，都只觉得自己正身处于一个新型的工厂或者某个“特殊经济体”当中，到这里淘金、致富才是最突出的目的，也是和这片土地唯一的关系；大概只有少数人会抱持着一个理念：这是一座即将被创造出来的城市，而既然是一座“城市”，它的需求就不能仅仅是工厂，或者宿舍了。

在这个意义上，还原“福田中心区”的建成史，恰好也成了理解深圳这个新生儿到底是如何长成的一个细胞样本和精神切片。

洋经验还是土特产：福田中心区“从何而来”？

最早对莲花山下这片土地产生浓厚兴趣的其实是港商。在当时的历史条件下，能够引入外资统一开发，算是特区建设最为有效的“捷径”。香港合和实业董事长胡应湘是最早看好内地改革开放发展机会的港商之一，他不仅向中央建议修建当时国内第一条高速公路广深高速，联合五大港商在广州兴建中国大酒店，对于当时还是一片农田景象的福田，他更是一举签下30平方千米的土地开发合同——当时这份合同对这片地区的定位是，深圳的新市区。

所谓新市区的含义，是和当时的深圳镇，也就是后来的罗湖区对比得来的，但这“新”到底是新在何处，无人知晓。30平方千米的开发面积，更是一举超过了另外两块试验田——蛇口片区与华侨城片区的总和。胡应湘给这块“超级试验田”设想了一个奇怪的方案，时任深圳市基建办副主任回忆：“胡应湘从世界各国请人规划，搞了个大圆圈，一个圈套一个圈。”

这个“怪圈”引起了包括市委书记梁湘在内的反对，但出身于西方教育背景的胡应湘坚持认为，这些反对只是从计划经济时代走出来的干部的固执与保守。他在两三年间

左：数字系统验证并更改屋顶设计后，因为市民中心工程规模太大太创新，政府决定再做屋顶足尺实景模拟，用 300 多个直径 2 米多的氢气球，每个气球下面绑一个混凝土墩子，一个个调节高度，在空中勾画出大屋顶的足尺轮廓线
资料来源：陈一新

右：市民中心启用之前中心办成员合影，摄于 2004 年 5 月 30 日
资料来源：陈一新

一共修改了 8 版方案，并对深圳的官员们使用了强大的“专家攻势”——他高薪聘请了一个西方智囊团担任自己的说客，试图从专业角度压过深圳官员的气场。

参与过福田中心区早期规划工作的当事人都对这场论战记忆深刻。在大历史的维度上，深圳发展史中被人铭记的几次争议包括了“姓资姓社”以及后来的“特区不特”，但若缩小到具体的历史片段当中，这样一场围绕福田中心区未来定位的论战同样有不容低估的爆炸当量：如果胡应湘当时的设想成真，那将不仅彻底改变我们今天看到的深圳城市肌理，而且深圳也无法变成后来那个“规划至上”又或者说“规划先行”的城市。可以说，这是一次关乎城市内在品格的论战。

在这样一场具有演义色彩的“智斗”当中，即便是时任中国城市规划设计研究院院长、担纲深圳城市规划委员会首席顾问的周干峙，也成了一筹莫展的孙悟空。他只得回到北京，请来了建设部的总工程师陈占祥。陈占祥是 20 世纪 30 年代就毕业于伦敦大学城市规划专业的博士，曾师从英国规划大师阿伯克隆比（Leslie Patrick Abercrombie，以 1944 年大伦敦规划闻名于世）——有了这样一位“太上老君”助阵，胡应湘不得不

收起了他的锐气，当场宣布放弃自己的方案。把火车站联检楼的开发权授予胡应湘作为“补偿”之后，深圳政府借此收回这块规模宏巨的土地，而这场“虎口拔牙”的中心区争夺战至此才算告一段落。

夺回中心区的深圳政府其实在当时也不见得有太大的把握，胡应湘的“轻视”部分成立的理由在于，深圳最早期的一批官员，确实对于如何建设和管理一座“现代城市”知之甚少；但在他们身上，存在着一种类似“圣徒”的使命感：在伟人圈定的这片狭长土地上，他们自觉要交出一份不同寻常的答卷。

1984 年，深圳正式委托中国城市规划设计研究院为深圳特区进行总体规划，尔后有了 1986 年的《深圳经济特区总体规划》。值得一提的是，当时的深圳仍处于一次创业的草莽期，更多的建设精力都投入在罗湖一带；但就是在这样一个时期，特区总规已为下一阶段深圳中心的西进，预留了一块想象的空白。大家对这块空白的“信心”在早期并不充足，当时福田中心区规划小组向规划局汇报工作，曾有局长毫不客气地发问：“你们规划小组人倒不少，出过国吗？”

福田中心区规划小组工作照。曾参与该小组的刘泉回忆道：现在做详细规划项目一般多则三四人，少则一两人，很少再有“人多势众”的大部队……为了在福田中心整出个看着顺眼的轴线空间，短时间里我们分别出了几个方案，每个方案也就是竖了一百来个高高低低的火柴盒子。就这一堆堆火柴盒子，让朱荣远同志苦干了 N 个白天外带 N 个通宵：那个年代电脑确实是珍贵希罕物件，全院也就几台，统一摆放专人管理，其场所号称“机房”，出入“机房”就像现在到别人家串门一样先换鞋

资料来源：中国城市规划设计研究院深圳分院 20 年院庆系列丛书《五味集》

出国见闻之所以在当时成了能否胜任规划工作的标准之一，既可以看作深圳从一开始就试图比肩最成熟的国际化城市的欲望，而这从另一方面又可以反衬出，当时深圳在国内可资借鉴的模板基本为零。规划小组一方面吸收“洋经验”，一方面又创造“土特产”，最后形成的新规划方案，才有了一条背山面水的“中轴线”，稳稳坐落在棋盘网格局的大框架之中。

今日已成深圳规划界“老前辈”的朱荣远，在 20 世纪 80 年代时曾是参与福田中心区规划工作的“小年轻”。多年之后的他回忆福田往事，脱口而出的画面是跟着周干峙院长踏勘当时光秃秃的莲花山，手持罗盘定下了后来中轴线的走向。

现在已再难想象，当时的一刻他们看到了什么样的“远大前景”。在跨越 80 年代到 90 年代的一段时期内，福田中心区一直处于一个“等待”的阶段——只有规划，未见施工，深圳也还不是今天这个为人熟知的超级都市，缺乏财力的政府只能小心翼翼地出让部分土地给和记黄埔这样的香港开发商建设住宅项目。如朱荣远所说，当时的福田中心区，缺乏一种强大的内生动力，去支撑一个宏伟的未来方案。

1991 年福田中心区规划小组部分工作人员，右二着红衫者为朱荣远
资料来源：中国城市规划设计研究院深圳分院 20 年院庆系列丛书《五味集》

就是在这样一段特殊的历史空白期内，福田中心区留下了一些不为人知的“奇闻”。据朱荣远回忆，福田中心区在规划早期只有深南大道附近的儿童医院是一栋显眼的建筑，当时不知从何而来，冒出了一块工程施工的围挡。曾有人入内探问，获答是某某项目，已经立项，正待施工，当事人还煞有介事地摆出与领导的“合照”——偏巧市里刚刚成立了一个“中心区开发建设办公室”（简称“中心办”），福田中心区土地上所有项目都须经过此办审批，一经查证，这个报称立项的工程根本就是子虚乌有，市里赶紧报警处理，就此侦破了一起诈骗案件。

打趣说句，这至少从侧面说明了，福田中心区在当时的“虚拟”价值，甚至连骗子都认可了。而真正让福田中心区的未来价值成为现实，就要等到中心办在 20 世纪 90 年代登上历史舞台了。

2003 年 6 月，当时任职于深圳市中心区开发建设办公室的陈一新在准备介绍中心区规划之前的留影 / 资料来源：陈一新

中心办：
不只是一个政府机构

有人把陈一新称为“中心区之母”，无论这个来自民间（或者说学界）的称号是否确切，有一个基本事实倒是确认的：陈一新所著的那本《深圳福田中心区（CBD）城市规划建设三十年历史研究（1980—2010）》，至今仍是复盘、研究福田中心区历史的必备读物。

这本读物既是专业的——它是陈一新本人的博士论文，拥有让普通读者望而生畏的厚度；但与此同时，你又可以说这本书是“公众的”：从陈一新的论述文字可以读出，她不仅仅是要完成一篇在城市规划专业圈内的“内部文献”，她使用的更多是一种向市民介绍、解说福田中心区的语气。

而这种“介绍”的职业本能，大概从她 20 世纪 90 年代进入中心办就开始了。

1999—2004 年中心区莲花山顶鸟瞰 / 资料来源：陈一新

成立于 1996 年的中心办，全称为“深圳市中心区开发建设办公室”，是一个设在市规划国土局下的副局级单位。这个中心办的创建是某种必然中的偶然：深圳从 20 世纪 80 年代开始就在福田布局规划未来的“中心区”，为此确定“先外围后中心”的开发路线，并为中心区储备了大量的开发土地；但这种信心其实是有些超前的，没有人知道当时的特区是否真有走到福田中心区的这一天。在 80 年代末就来过深圳的陈一新，第一印象跟其他普通城市可能也没有什么区别：一个县城规模的城区，唯一一条像样的道路——深南大道也不过几千米长，从上海宾馆向西看，基本都是泥土路了。当时还在上海交大工作的陈一新，免不了在对比之下有些失望的心情。

要知道，福田要到 1990 年才正式设区。此前 10 年，正是深圳特区全力发展罗湖的时期，唯有到了 20 多平方千米的罗湖城区逐步建成后，外界对特区的期待值才日渐提升；也是到了这个时候，发展福田中心区才有了某种真正的“信心资本”。

而陈一新对深圳的“好奇心”也随着这个城市的命运同步起伏。尽管当时第一印象是失望的，但她陆续听到一些大学同学从深圳传来的消息：“这座城市对建筑人才求贤若渴，基本上只要是一个建筑科班生来到这里，就能分到一栋大楼独自设计。”1989 年，带着事业上的冲劲，以及解决分房的实际需求，陈一新南下深圳。此后 7 年，她先后在深圳大学和深圳城市规划设计研究院工作，直至 1996 年，她被抽调出来，直接负责中心办的创建。陈一新时年 34 岁。

乍听之下，“中心区开发建设办公室”是一个位高权重的职能部门，但实际上交到陈一新手里的，只是一支 4 个人的小团队；甚至在中心办创建初期，深圳人事局一度没有承认中心办的编制地位——当时的陈一新既抓技术，要投入到实际的规划编制和运营工作当中；另一方面她也得自己抓“管理”，就连跑人事局争取编制，也成了她的日常工作内容之一。事实上，要到了差不多一年之后，这个在大家想象里应该是“荣耀加身”的中心办，才在深圳市人事局机构编制委员会办公室手下获得了一张红头文件的准生证。

但这一切困难似乎没有成为陈一新的借口。可以这么想象，当时的深圳弥漫着一股“不拘一格降人才”的澎湃气息，34 岁的陈一新得到的是远比“独立设计一栋大楼”更为庞大的任务，甚少有人怀疑，对于规划一座城市未来中心区这样的大事，一个出身

1999 年

2000 年

2001 年

2002 年

2003 年

2004 年

中心区莲花山顶鸟瞰照片

中心办不仅负责规划，还兼任产品营销，并印发了中心区的推广手册。册子里使用“洋人”的工作照来彰显中心区国际性的这种方法，仍然是当前招商引资的思路 / 资料来源：陈一新

于象牙塔的年轻人能否做好；而当时的陈一新甚至也没意识到这是历史机遇和她个人命运的一次交汇——她和她的团队所拥有的，只是一群学院派青年能够交出的“专业主义”。据陈一新回忆，从 1996 年到 2004 年，她每天都保持着从早上 7 点到晚上 7 点的工作时间，自然她手下的团队也是如此。

可以这么比喻，中心办在其运营期间，其实担当的是福田中心区类似“产品经理”的角色，只不过这个产品事关一座城市的构造，要用建筑规划的专业角度去定位这座城市需要怎样的中心区。更重要的是，这个产品经理同时还得负责实际的研发（具体到规划图的编制），以至后期的“销售”。这里的销售是指，当中心区的规划编制确定之后，中心办还得向潜在的合作对象（如开发商）沟通落实每一个地块的功能实施：市政的、商业的、街道的、广告的……这不仅仅是一块块土地开发权的出让，事实上也是中心办在向这座城市的居民，推出他们精心设造的一块块“中心区之梦”。

陈一新回顾自己在中心办的 8 年履职历程，除去专业上所获得的一次次成就感，还有一些关于“政治风险”的感慨。须知道中心办在后来全权负责了福田中心区从土地规划到建筑审批的整个过程，任何一个环节都存在着较大的权力寻租空间，偏巧当时手握如此权力的又是这样一群有着书生意气和规划情怀的年轻人。作为中心办负责人的陈一新现在想起，仍觉如履薄冰，同时她也对自己始终保留一份为城市长远考虑的“秉公办事”自豪感。

这份自豪感和陈一新的使命感是连在一起的。她曾说过自己的小孩在 1993 年出生，而她是在 1996 年开始组建中心办，“我把中心区看成了自己的第二个孩子”——尽管她未正面承认“中心区之母”这样的民间说法，但她确实有着把中心区当成自己“孩子”的那种关切之情。也许这场从 34 岁那年就开始的造城计划，改变的不只是陈一新的职业轨迹。

深圳市中心区作为深圳市实施建设现代化国际性城市战略目标的关键性举措，一直受到深圳市委市政府领导的高度重视。深圳市政府专门成立市长挂帅的深圳市中心区开发建设领导小组，制定中心区的发展战略，负责对中心区重大项目的决策，为中心区投资开发提供有力的政策和组织保障。深圳市中心区开发建设领导小组下设办公室，由主管城市建设的王炬副市长负责，全面贯彻领导小组决定，集中管理中心区的规划设计和开发建设。

To establish Shenzhen Citycentre is a key measure for reach the aim of implementing the development of a world city strategy. Leaders of the Party Committee and the Municipality have been thinking highly of it. A leading group has thus been set up for city centre development with the mayor as the director of it. The goals are to work out development strategy, to make decisions to key projects, to formulate preferential policies for the investors, etc. A general office of it is in charge of handling planning and design assignment, as well as development and construction.

深圳经济特区作为中国改革开放的"窗口"，经过十六年的建设发展，创造了一个具有较强综合服务能力和较高环境配套水平的欣欣向荣的现代城市，取得了举世瞩目的成就。在此基础上，深圳市已制定出二次创业，建设现代化国际性城市的战略目标，深圳市中心区的开发建设是实现这一战略目标的关键性举措。

深圳市中心区是在1984年《深圳经济特区总体规划》提出，由于地处福田区，故座名"福田中心区"。深圳市中心区位于深圳市五个规划组团的地理中心，由滨河大道、红荔路、彩田路、新洲路四条城市干道围合而成，总用地面积413.86公顷。深南大道由东向西穿越其间，将中心区分成南、北两片区，其中南片区面积233.27公顷，北片区占地面积180.59公顷。中心区目前规划总建筑面积为800万平方米，其中南片区500万平方米，北片区300万平方米。

As a window for showing the effect of implementing the "open door" policy, Shenzhen was already a prosperous city with strong integration in various services and high level in support facilities after 16 years development. The blueprint for starting the second phase undertaking was drawn up to take shape Shenzhen to be a world city.

Shenzhen Citycentre was located at the geographical heart among five agglomerations within the SEZ that was originally put in the 《Comprehensive Plan for SEZ》 in 1984. The area is enclosed by Binhe, Hongli, Caitian and Xinzhou Roads with 413.86 ha. Shenzhen Avenue runs EW across the Citycentre and divides it into two parts, in which the S part covers 233.27 ha while the N part 180.59 ha.

同样的问题在中心办另一位当事人黄伟文身上，得到的是不一样的答案："我觉得一个城市的生成是一个很复杂的过程，我只能说我见证了中心区的诞生，但我不能说它是我的孩子。"黄伟文是从清华大学城市规划与设计专业硕士毕业后就来到了深圳，当时与陈一新同在深圳城市规划设计研究院工作。陈一新受令组建中心办之时，正要从各处征调人才，同样是科班出身的黄伟文在当时只想着在规划院做设计，对陈一新的邀请只回答了句"考虑一下"——没想到就是这样考虑一下，第二周就下来了一份正式调令，宣布黄伟文的中心办生涯正式开始。

黄伟文比陈一新还要再年轻上四五岁，在规划院两年的工作经历也只是"画过一些图纸，但没看到图纸变成了什么模样"，一下子进入中心办，面临的就是最实际的规划实施工作。而正是黄伟文在当年加入中心办，才给今天的福田中心区留下了一个重要的地标——会展中心。

当时中心区开发面临增长乏力的困境，整个片区内办公需求不成规模，只有国资委建成的投资大厦勉强支撑着所谓"CBD"的想象。恰逢政府要投资建设一个大型的会展中心，预计可以在周边带动一系列酒店和消费物业，黄伟文向规划局建议，把会展中心从原定的选址（如今的欢乐海岸一带）挪回福田中心区，正好可以借会展中心之力，增加中心区的开发筹码。几经研究，会展中心最终从黄伟文笔下的"水晶岛版本"变成了如今看到的样子，坐落在中轴线南端的收尾处。

2016 年 3 月，深圳市公共艺术中心发起城市小旅，时任中心主任的黄伟文领队，从福田中心区往南一直走到海边的湿地保护区，图为黄伟文到达湿地后打太极

黄伟文将在本书中多次提到，他是规划师，深港城市 \ 建筑双城双年展主要创建者和组织者，持续 12 年写作博客“街道守望者”。他一毕业即进入深圳规划系统的公务员行列，目睹和参与了深圳 20 多年的城市建造，在努力挣扎和经历包括差点“累断腰椎”的公务生涯后，毅然离开，现任某国企总规划师并开创了他的 NGO 事业，主要关注和反思中国快速城市化中的宜居环境与空间质量 / 邓世杰 摄

在今天看来，会展中心的规划方案当然是不够完美的，但这恰好解释了，中心区要从纸面落到现实，其实要经过很多实际层的妥协。黄伟文大概就是这样一位从中心办的“妥协”经历中学习到很多的人——不同于陈一新作为领导者对中心区有的那种厚爱与惋惜之情，黄伟文之所以不肯承认中心区也是自己的“孩子”，大概因为他学习到的更多是小心翼翼地对待城市建设的复杂性。

中心办这个政府机构在 2004 年已经正式裁撤，但从这个办公室四散开去的青年故事并没有在这个城市终止。当年那个大胆画下会展中心规划草图的黄伟文，后来成了深圳市公共艺术中心主任，并创建、推动了“深圳市城市设计促进中心”“深港城市 \ 建筑双城双年展”等公共机构和专业活动的发展——想当年被陈一新调去中心办之前，他还只是一个想留在规划院“做点规划设计”的年轻人。而这一切距今已是 21 年。

而在另外一个 21 年里，陈一新也从一个亲力亲为创建中心办的 34 岁女青年，变成如今的深圳市规划和国土资源委员会副总规划师。若以常理来看，从中心办走出的那些年轻人，早已在个人职业道路上有了更大的提升，但令人好奇的是，陈一新至今仍对中心办的“突然裁撤”耿耿于怀。当问到中心区在她心里是否存在什么遗憾时，这位年届五十的副总规划师竟然有些哽咽起来。

在她看来，中心区就是一件未完成的作品。如果中心办可以继续存在下去，也许中心区就会变得再完美、更完美一些。

探索未完成：
如何评价福田中心区？

深圳市城市设计促进中心保留了很多福田中心区历年国际咨询竞赛方案的资料。这些资料大多出版成精美的书籍，成为深圳在城市建筑规划领域内的“史记”。

即便是这样，黄伟文还是认为中心区留下的经验太少。这里的经验大概可以从两个层面去理解：从专业层面讲，深圳后来依次崛起了龙岗中心区、龙华中心区以及宝安中心区，但它们到底在多大程度上承继了福田中心区的开发经验，吸取了多少教训，又是否存续了中心办所拥有的那种“创业精神”，是存疑的。

另一个层面讲，这里的经验一直都被“锁”在城市规划专业圈子之内。从中规院到中心办，两个机构先后对福田中心区投入了无数的心血，才一步一步搭建出如今可以看到的中心区城市框架，但这个框架在立意之初就试图对话并服务的对象——市民，对福田中心区发生过什么，以及可以产生什么，却似乎一直知之甚少。

20 世纪 80 年代就跟随周干峙一辈的规划师参与到深圳规划工作的朱荣远，算是福田中心区第一代的见证者。在他看来，福田中心区是不自觉地记录了深圳 30 多年城市规划思想变迁的“年轮”，是不同人、不同时期的智慧集成，是应对改革开放之后社会需求不断更新过程的结果。朱荣远曾经问过很多身边的朋友，问他们认为哪个地方可以“代表”深圳，而他自己“扫描”深圳之后得出的结论是，中轴线上创造出来的公共空间，譬如打破了传统政府大楼的封闭式院落结构，让中轴线人行通道纵贯市民中心这种做法，是深圳对中国城市空间规划的一个创新贡献——而这些微妙体现社会进步的创新，其实都是规划师与建筑师们通过设计实现出来的。

而在 20 世纪 90 年代的中心办工作的另一位成员李明看来，中心区得到的专业好评还是少了些。中心区有很多局部的精彩，譬如“十三姐妹楼”、福华路地下商街以及中心书城；但一落到整体上，就会显得缺乏系统性和协调性。另外，以机动车为主导的道路系统也使得在中心区的步行体验变得支离破碎，也许这是妨碍普通市民“感受”中心区的最大原因之一。

站在陈一新的角度看，也许她的看法会有另外一种解释。在 2003 年，中心区的中轴线规划原本有一个“一气呵成”的实现机会——从北中轴的市民中心到南中轴的两大商业广场，中心办曾经谈好了一个“3+1”的投资方案，甚至准备延请一个大规模的设计团队统一实施这个方案。但由于专家对这个方案中太大规模的商业建设持反对意见(认为应该保留更多绿化)，最终也动摇了政府决策的意见，实际上就否决了一气呵成的规划。陈一新认为，这才使中心区落下了“不成整体”的病根。

这些争论直至今天仍在继续。

福田中心区发展至今，背后既是由一份份具有国际水平的竞赛方案叠加而成的，又有着很多本土规划师、建筑师相继为它献出青春、才智、梦想以至感情。有些人在这里看到了中国城市规划近 40 年来最伟大的一次尝试，有些人在这里看到了逐渐面临考验的陈旧城市观念。城市的变化是如此之快，深圳的变化更是如此之快，仿佛福田中心区还没有足以形成什么“答案”，人们马上就开始对它提出下一个“问题”了。从 1986 年面世的“特区总规”算起，福田中心区从概念走到 2018 年，经历了 32 年的时间，如今深圳人对它提出的新命题叫：激活中心区。

而激活并不一定仅仅指向未来，如若我们真想认识这片土地与我们的关系，继而提出我们的期待——那首先激活福田中心区的过去，也是一条绕不开的道路。

从形式主义出发

深圳市民中心估计是中国第一个主动开放中轴线空间的市政府办公楼或行政中心，而且名字“市民中心”也起得名副其实——就是一个没围墙、没大院、市民大妈可来跳舞、打工小弟可来溜冰的城市政府。这条贯穿的中轴线完全开放给公众，虽然到达路径还不够方便，但是它做了这个姿态——以拥抱姿态和开放形式，欢迎大家来！这里的建筑密度较低，两翼建筑都有院落，从两个侧面看也有中国传统大屋顶建筑的味道——这些都是这个建筑需要大家细心体会的优点。至于室外广场，相比其他区的广场每一块地方都有人在用，这里使用者密度还比较低，还有很多潜力可提升。当初的建筑师构想出这个建筑形式，也是有特别含义的。大鹏展翅就不说了，你看这两个筒，远看是柱子，近看是大楼，对不对。这两个筒也代表了建筑师对中国政治体制运作的理解——李名仪（John Ming-Yee Lee）是美籍华裔建筑师，除了用大鹏做寓意、以红黄两色呼应国旗，方圆代表中国天地观，还有一点，他希望探索中国现代政府的建筑形式。

关于政府建筑形式，很多人会想到美国国会山，一个著名的新罗马式建筑（国内有很多山寨版俗称中国“白宫”）。美国虽然是创建了某种形式的民主制度，但其实没找到合适的建筑形式来匹配。美国跟深圳一样都靠移民发展起来，一开始并没有自己的建筑思想，他们只能从欧洲借来。欧洲古老政府建筑要么是希腊式的、要么是罗马式的。总体上希腊式是更偏向民主的，罗马前期是共和，后期是独裁。希腊式以坡顶建筑侧面的三角山花和柱式为主，而罗马因为发明了意大利火山灰混凝土，就可以砌筑出拱券和穹顶做其最重要的建筑特征。美国国会山选用的是罗马式，白宫其实反而是希腊式的两层坡顶小白屋——很多人把美国最重要的两栋政府建筑搞混了，以为有高大穹顶的那一栋应该是气势非凡的白宫，其实国内一些地方政府翻版的是美国国会山。

可见美国国会建筑也没有反映出它的民主特色与功能——这个要等到巴西要建设自己全新的首都与政府大楼时才有政府建筑形式的现代探索。巴西利亚的国会大厦由巴西共产党员建筑师尼迈耶（Oscar Niemeyer）设计，包括一个水平的裙楼和两个挨在一起的办公塔楼，很现代主义的几何体建筑，同时象征着西方通常的政治制度——议会制。议会制一般由两个议会组成，一个是上会，一个下会。所谓上会或者是参议院以贵族代表为主，下院或者众议院是由民众选出来的代表组成。这两会制在建筑上体现出来，就是裙房上的两个碗，一个碗朝上打开，意思是面对公众收集意见；一个碗倒扣，是集中公众意见。所以在建筑形式上，第一个体现民主集中制的是巴西利亚的国会建筑。

市民中心建筑总概念从鹏城名字出发，屋顶形式象征着大鹏展翅——这个形式原来也有一个设计功能是用来承载太阳能光电板，后因担心屋顶颜色太杂而取消。大鹏需要两个大柱支撑，也象征着鸟腿——这个“鸟腿”的形式需要什么内容来解释呢？建筑师想正好中国政府也有类似的两会嘛，那就“左鸟腿”人大、“右鸟腿”政协，做两个开会的地方。好了，可是会堂空间不会太高，多是平的。“鸟腿”形式是要往高走，就又带来一个问题：那么高的地方做什么呢？——这种完全由象征形式产生的建筑空间，需要想着内容去填充。

最后红筒的底下确实做了人大会堂。但在中国体制里，人大和政协不太对等，政协相对小，大会也和人大合用会堂，所以建筑需求不对称。再加上当时深圳政府决定政协原来在上步路挺好的，不要搬过来了——这两会就真不对称了！那多出的空间，红色这边会堂上面的筒空间是空的，而黄色整个筒都是空的，怎么办？还要想办法填充。

奥斯卡·尼迈耶所设计的巴西议会大厦（Congresso Nacional），左侧为参议院办公楼，右侧为众议院办公楼，大楼之间有空中通道相联，呈“H”型，为葡语“人本主义”的首写字母。两院会议大厅建筑外观如同两只大碗，右侧众议院的碗口朝上，象征“民主”“广开言路”；左侧参议院的碗口朝下，象征“集中民意”“议决题案”/ Tacio Philip Sansonovski 摄

因为建筑形象寓意鸟腿，“鸟腿”形象上要实心一些——尽管是 70 多米的大楼，如果太多窗户或阳台，“鸟腿”就不对劲了不是？所以双筒都相对封闭，那还能做什么呢？大家都在帮建筑师和业主方出主意。我当年想到存放政府档案最好了，可以从顶部中间开天窗，在中空庭院里头采光，然后四周做档案库房，不需要开多少窗户——这个建议经两位院士认可，结果被采纳实施了。另外一边的筒也要填充啊！我又受美国例子启发——美国总统卸任以后都有一个总统图书馆来放他这一任的所有档案资料——或许我们做每一往届市政府的图书馆？这个自然没被接受。后来建筑师李名仪终于有一次想出来一个方案，说做一个天文馆，圆筒外壁半透明的，能看到里面一个球，有天文望远镜可观星——这个浪漫主意也没被采用。

后来恰好深圳第一代工业展览馆在华强北不够用了，我们就干脆做工业展览馆，取代那个筒中球——两个筒终于有了内容。可是还有问题，原建筑设计方案将近 600 米长，西翼五层做政府办公就够用了，对称的东翼，人大办公只用了很小一块，剩下做什么呢？给其他政府外机构办公好像也不妥。也是了解到老深圳博物馆不够用了，于是博物馆也被找来填空了——其实还填不满，所以东翼外立面上还留了很多空缺部位可以可持续地填下去……

好了，现在终于按建筑的象征形式基本凑齐了内容——这种建筑就叫形式主义建筑。

——2017 年黄伟文导览福田中心区时的口述记录及整理

2

中轴线：中国传统的深圳实践

袁艾家

是“风水”还是法则：从紫禁城、华盛顿到市民中心

图 | 乔舟

大概是在六七年前，我第一次登上中心书城的二层平台。当时天色向晚，同行的友人都在嗟叹 CBD 周遭一圈那种华灯初上的繁华景致，我却因为别的事情出了神。

小时候胡乱翻过家里一些关于“风水”的旧书，对一些所谓“风水宝地”的形貌有粗浅的记忆——但在我的记忆（或者说想象）里，风水宝地应该是存在于蛮荒郊野，又或者是经过历史检验的古城故都。我当时出神的原因，是有点不敢相信：眼前所看到的深圳中心区，一个以“现代性”为标杆的大都市核心区，竟然暗暗应合某些风水上的“理论”。

譬如中轴线北面起点的莲花山，是用于依靠的“主山”；从莲花山一路南望，由一群摩天大楼环伺而成的，恰好就是一个“明堂”的形状；原本再往南去，整条中轴线再无自然山体，对于整个格局而言稍显冲荡，而偏偏在市民中心的前方远处，你就能看到会展中心冒出来的“山顶”——就算没有自然山体，会展中心也以某种姿态构成了一座“案山”。案山高低，以齐眉为准，而微微隆起的会展中心，恰好补齐了这块缺陷。

这时再来看市民中心周遭的写字楼群，就有了一种“四面环山”的观感。只不过这种“山”，是以极现代化的想象构造出来的“人造之山”。

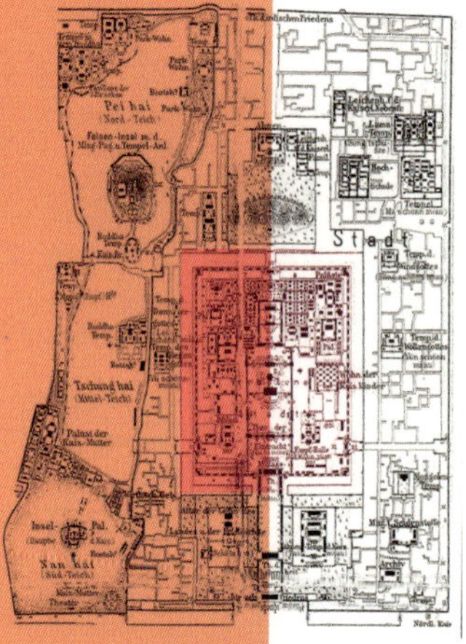

北京紫禁城平面图 / 资料来源：《北京的城墙和城门》（Osvald Siren 著）

这个发现于我而言是个惊喜。我并不关心这个惊喜是否真的会在“风水”上发生什么玄虚的效果，我更在意的是，深圳存在这样一条中轴线，绝不可能是“无心偶成”——与其说它在风水上吸引了我，倒不如说它背后的历史吸引了我。

我后来发现，深圳中轴线的这种形构，在中国城建史上并非孤例——更确切地说，在中国古代城建史上并非孤例。

如果你去游览过北京故宫，或者随便搜索一张紫禁城的平面图就会看到，深圳中轴线的建筑面貌和紫禁城的肌理存在惊人的一致性——众所周知紫禁城身后就是一座南瞰宫城的景山，而深圳中轴线的莲花山所处的位置以及它发挥出来的景观效果，事实上就和景山并无二致；而从高空俯瞰到紫禁城的宫廊馆殿，你也可以把它想象替换成深圳中心区的各个街坊，两者都有一条笔直的“中轴线”贯通南北；甚至在差不多的位置上，作为东西轴线的长安大街，也可以找到像深南大道这样的对应物。

不妨这么大胆地设想：深圳中心区以及中轴线，以一种属于现代化的造型想象和建筑形态，神奇地再现了“紫禁城”式的中国古都风貌。

王国经纬涂轨图 / 资料来源：《考工记》，该书是春秋时期记述官营手工业各工种规范和制造工艺的文献

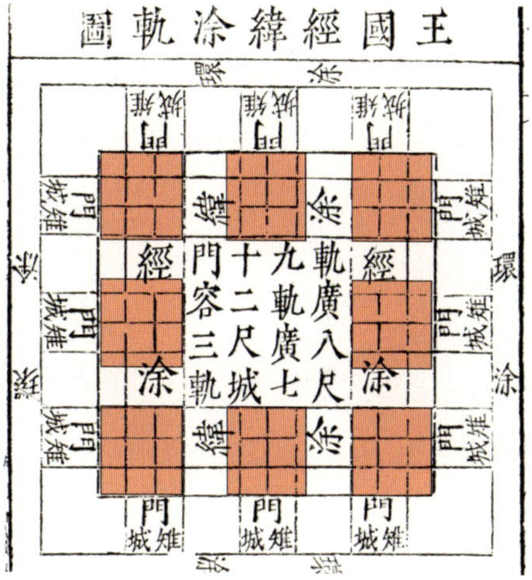

问题是：这仅仅是偶然的巧合吗？

这恐怕就要回到“中轴线”这个事物的本质上来了。中国古典城市规划素来注重规整布局。成书于春秋末期、追述西周城市营造制度的《考工记》就已经有明确的记载：“匠人营国（指国都），方九里，旁三门。国中九经九纬，经涂九轨；左祖右社，面朝后市；市朝一夫。”意思是王城应该以方形为貌，每面各开三座城门，城内街道以此为格，纵横交错。这既是对当时洛邑的客观描述，也被认为是对后来都城“规整、方正、中轴对称”的典范性确立。

这种城市审美根植于中国传统政治权力需要，与后来欧洲中世纪由教会或者商人控制的城市审美截然分途。由唐宋至明清，“中轴线”都是中国传统城市规划的客观存在，这种审美传统甚至在唐朝时波及日本、朝鲜这些近邻，影响了像奈良、平城、京都那样的城市规划——在那样的文化背景下，能复制中国传统的中轴线，就是复制了某种盛唐气象。不可否认的是，延续这个传统、由中轴线撑起的明清北京城，的确也是世界城市规划史上独树一帜的壮观作品。

市民中心之“山”。每个第一次“穿越”市民中心的市民都会面临一次仰头张望的眩晕 / 邓世杰 摄

那深圳中轴线在规划之初，到底在多大程度上，自觉或不自觉地承继了这种传统“法则”呢?

与其说“中轴线”是一种纯粹的中国式基因，倒不如说中轴线式的规划构图，体现了某种建筑美学上的普适性。现代主义建筑师勒·柯布西耶（Le Corbusier）就曾这么评价轴线之于建筑布局的意义：“轴线是建筑布局中的控制工具，是建筑秩序的维持者。”中国科学院院士、建筑学家齐康更为直接地说：“轴是一种均衡的线性基准，是一种结构简明、概括性强、支持内涵广义延伸的模式。轴具有生长性、开放性、连续性、统一性、均衡性特征。”可以见得，在深圳中心区引入“中轴线”这个概念，并非只是对中国传统或者任何“风水理论”的简单模仿。

深圳中轴线的设想最早出现在 1982 年的总规草图中，到了 1983 年，这条中轴线延伸为与深南大道交汇的“十字轴”。1986 年“深圳特区总规”正式阐明：“以一条正对莲花山峰顶的 100 米宽的南北向林荫道作为空间布局的轴线，与深南大道正交，形成东西、南北两条主轴。在中心区南北和东西各 2 千米距离的范围内，实行比较彻底的人车分流、机非分流、快慢分流体系，形成比较完整的行人、非机动车专用道路系统。”

这种要在深圳中心区划出一条开放给行人使用的“景观轴”的做法，与传统中轴线所代表的气质已经是异趣的了。唐长安城的南北中轴是宽约 150 米的朱雀大街，它是唐朝帝王往城南祭天所走的道路，在朱雀大街两旁的是严格遵循里坊制规划的棋盘式街区。根据当时规定，只有三品以上的朝廷官员才能在面向朱雀大街的坊墙上开门，而行人及走马到此更是有严格的限制。很明显，这是一条体现天子威仪的中轴线。

而在 1300 多年后的深圳中轴线上，帝王消失了，取而代之的是“市民中心”和“市民广场”，是一条从规划之初就立意想吸引行人进入的景观轴。也许这就是现代城市的“新本质”。

1793 年，法裔工程师皮埃尔·夏尔·朗方（Pierre Charles L'Enfant）为美国首都华盛顿设计了一条举世闻名的中轴线。这条中轴线上垂立着白宫以及国会山两大建筑，两大建筑之间分布着 13 条大街，再以两大建筑为轴心，放射出多条以美国各州命名的街道。值得一提的是，对于“建在汽车轮上”的美国来说，华盛顿中轴线的设计，反而使它获得了“全美最适宜步行的城市”之称誉。

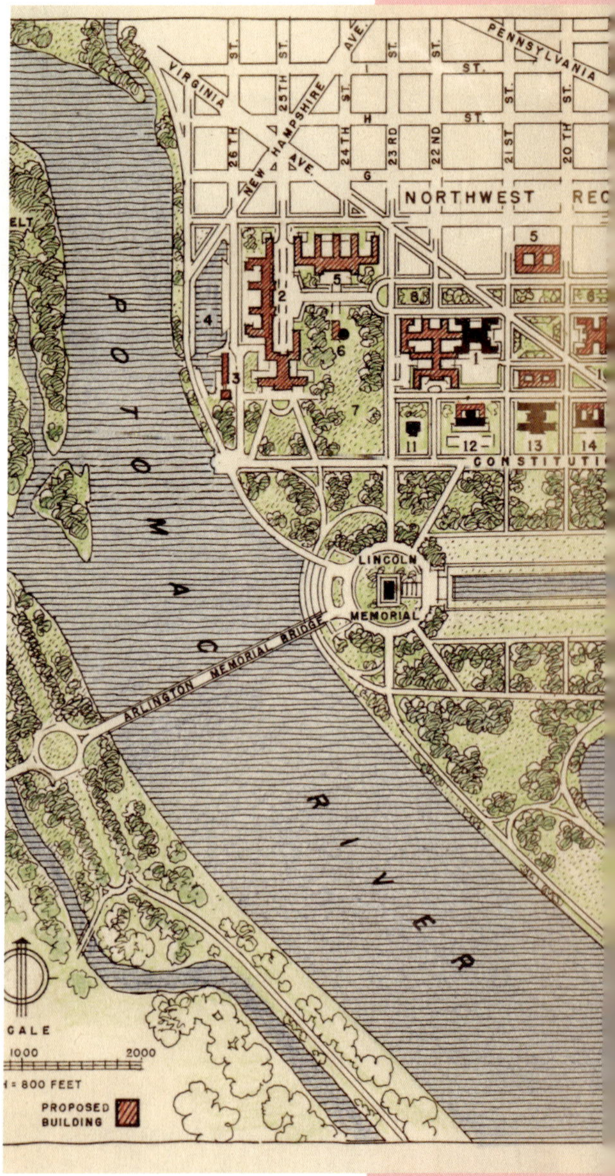

1941 年美国首都公园规划图（局部），图右的国会山坐东朝西，正对华盛顿纪念碑 / 资料来源：美国国会图书馆

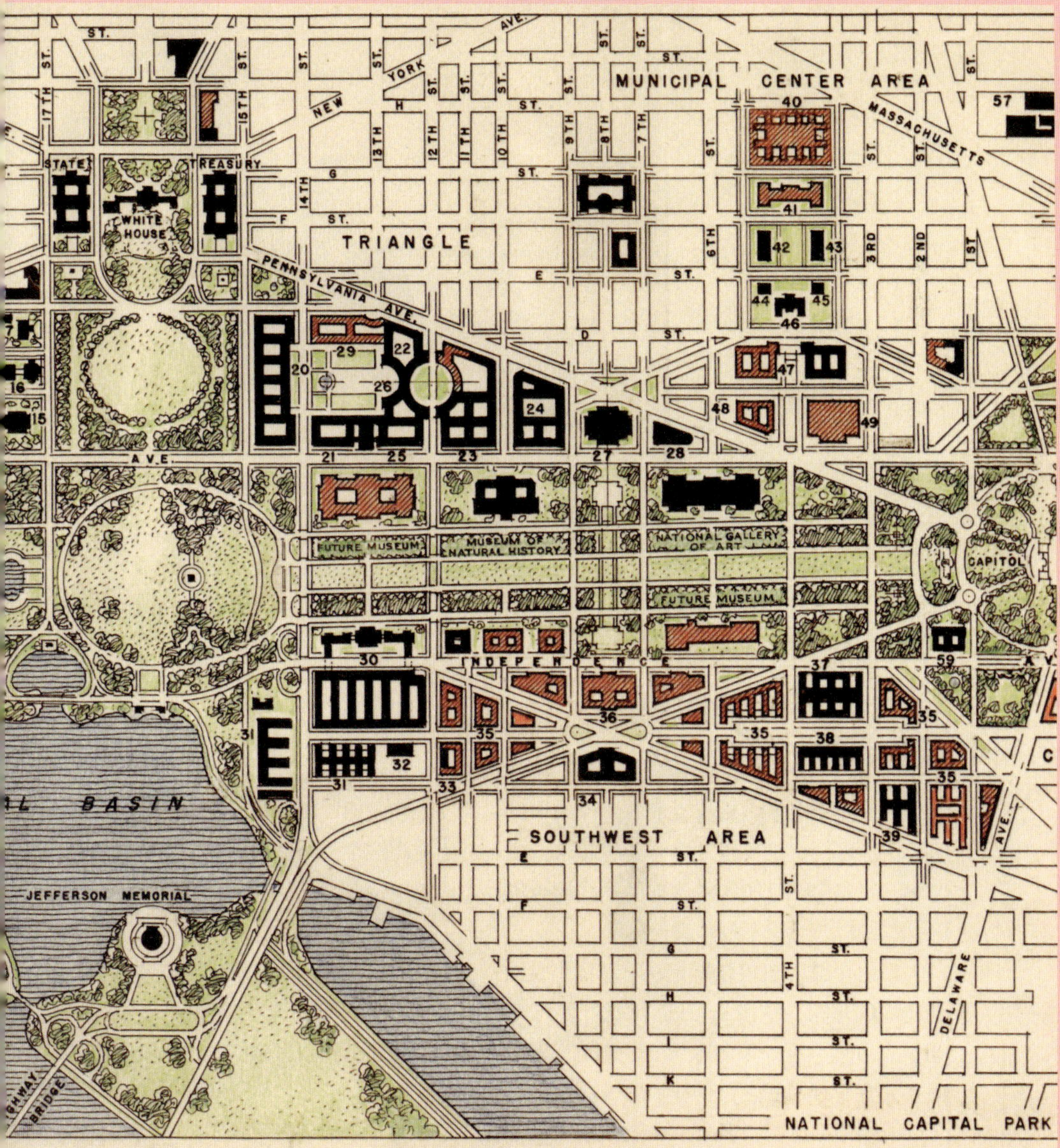
MUNICIPAL CENTER AREA
MASSACHUSETTS
NEW YORK AVE.
STATE
WHITE HOUSE
TREASURY
TRIANGLE
PENNSYLVANIA AVE.
FUTURE MUSEUM
MUSEUM OF NATURAL HISTORY
NATIONAL GALLERY OF ART
FUTURE MUSEUM
CAPITOL
INDEPENDENCE
SOUTHWEST AREA
BASIN
JEFFERSON MEMORIAL
HIGHWAY BRIDGE
DELAWARE AVE.
NATIONAL CAPITAL PARK

李名仪，中心区中轴线优选方案设计者，他 1937 年出生在上海，因父亲在香港办实业，幼年的他在港读书，1976 年入籍美国
资料来源：维基百科

1996 年，深圳发起了“中心区核心区城市设计国际咨询”活动，李名仪 / 廷丘勒建筑事务所（John M.Y. Lee / Michael Timchula Architects）提出的设计成为优选方案——这个优选方案是在原有对深圳中轴线的“朦胧设想”下，第一次明确画出了规划总平面图。而这个由北向南蜿蜒起伏、中央突出宽阔绿带、两侧布局商业街坊的优选方案，正是今天现实中的深圳中轴线的雏形。

但这个雏形也仅仅算是从“草图”变成了“蓝图”。对于一个几乎完全按照规划设计建成的城市，这条从 1982 年就开始构想的中轴线，整整需要 30 多年的拼接实施才能看到今天呈现出来的效果——而这效果可能也并不是理想的最终形态。2000 年中心区办公室曾经组织进行了在中轴线设置水系的可行性研究，结果当然是取消了，否则今天的深圳中心区将会多出一条类似紫禁城“护城河”或者一个像华盛顿碑影湖一样的存在。

事实上，李名仪方案中提到的“中央绿带”在当时也面临着进一步深化的空间。而这一棒关于中轴线公共空间的设计，就需要交到建筑理论与实践大师黑川纪章（Kisho Kurokawa）的手上了。

瞻仰还是漫游：深圳中轴线的两种面貌可能

1996年，福田中心区将李名仪 / 廷丘勒建筑事务所方案中提及的“250米宽中央绿带”提炼为中心区中轴线公共空间系统PSSCA，亦即the Public Space System along the Central Axis，并且以此为题目再度进行城市设计国际咨询（招标）。然而，虽然是一次“国际”咨询，但当时发出的邀请报名函中仅有日本著名建筑师黑川纪章及时复函，表示有兴趣参加——于是中心区决定直接委托黑川纪章承担此次设计。

黑川纪章是20世纪60年代开始就活跃在建筑界的第二代日本建筑师，与矶崎新（Arata Isozaki）、安藤忠雄（Tadao Ando）并称“日本建筑三杰”。黑川纪章最为人熟知的建筑思想就是他的“共生”理论——这个由他本人在1960年前后始创的概念，对应的正是他所认为的“机器时代”到“生命时代”的过渡。

接下中心区中轴线设计深化任务的日本建筑理论大师黑川纪章 / 资料来源：维基百科

简单说来，“机器时代”就是那种把一所房子、一部电影乃至一首诗歌都看成一台机器的唯理性中心时代；而到了“生命时代”这个阶段，人类将重新感受对自然的感性解读，建筑不再作为“纯粹理性”的构造，而须重新融入整个环境的生态平衡当中。

1996 年美国李名仪 / 廷丘勒建筑事务所城市设计方案。方案坐北朝南，背山面海，轴线对称方正。该方案提出 250 米宽连续的绿化带，以及市政厅、水晶岛等概念，成为决定未来总体格局和形态的优选方案
资料来源：深圳市规划和国土资源委员会（市海洋局）

1998 年日本黑川纪章建筑与都市设计事务所设计方案
资料来源：深圳市规划和国土资源委员会（市海洋局）

“共生”理论促成了“生态·都市”的想法。这个共生既是指都市建筑与自然生态之间的相互依存，推而广之，各种不同的功能与体验，各种不同的文化与阶层，也应有“共生”的空间。显然，黑川纪章正是把深圳中轴线看成了自己职业生涯的又一“作品”，因此要在此再次实践他的“共生”理念。

在第一阶段的概念设计上，黑川纪章把中轴线的设计比喻成一份“城市音乐总谱”。既然音乐总谱需要由多层次的复杂音符组成，并且经由一个团体的演奏员奏出，那城市总谱也可以由一系列的构成层面组成，如：时间、功能、形态、隐喻、视野……共生理论很好地说明了深圳中轴线在设计之初就想和整个中心区（使用者）“共奏”的初衷。

但这“共奏”的效果到底如何呢？

一个城市空间在功能和审美上往往具有两副面貌，其中之一我们可以称为“纪念性”，另一个则是“使用性”。在欧洲巴洛克建筑风潮盛行的年代，各座大城市都经历过程度不等的“旧城改造”，而这改造的核心，正是为了突出某种“焦点”的存在。17 世纪时封丹纳（Domenico Fontana）主持罗马城规划，用三条放射性的道路连接波波罗广场，形成三条视觉通廊汇聚于一点的视觉效果；而让中央大道的尽头结束于伊曼纽尔二世纪念碑，都是为了实现那种强烈的视觉对景，从而实现城市空间在心理上的“纪念性”。

这种城市风格对后来其他城市规划都构成了很强的诱惑。巴黎的凡尔赛宫是由好几组放射性道路轴心构成一个整体的建筑群，而这个模板到了德国的卡尔斯鲁厄城那里，则发展为一个以王宫为中心的 32 条放射道路网——王宫尖顶作为权力中心的象征，在整座城市居民的视野中无远弗届。即便是在“民主化”的华盛顿，朗方所规划的道路也

市民中心 / HelloRF Zcool 摄

要“视觉通畅”，而这种视觉通畅就是为了很方便地通向各种具有焦点性的纪念物和城市地标上。

在黑川纪章最初设计的深圳中轴线版本里，这种“纪念”的氛围依然不可或缺。譬如他曾设想在北面的步行大道尽头（也即莲花山公园入口）和莲花山山顶各自设置一个“纪念碑”，其中设置在公园入口的是一个高达 199.771 米的“冲天龙”（寓意香港 1997 年 7 月 1 日回归），莲花山顶则是一个“飞向未来”的太空舱式建筑。也不知道这个建筑与后来香港太平山顶的凌霄阁是否在理念上有微妙的相通之处。

我们今天知道，这种在莲花山顶“飞向未来”的构想已被伟人的昂首阔步以另一种方式表现出来——这个方式既是未来的，也是历史的。但莲花山顶的伟人在视觉上并没有构成特别显著的“深圳形象”，整条中轴线上唯一能构成明显视觉焦点，并为人提供一种“深圳来了”的纪念意识的，反而是那座大鹏展翅的市民中心。

我读大学时曾经认识一位法国华裔朋友，她是一个喜爱城市的漫步者。她曾经跟我说过在巴黎和深圳漫步的不同体验是，巴黎在她眼里总是很小的，“三四个小时就能逛完”；而深圳给她的感觉是漫无边际的，走了三四个小时你也不知道自己在哪里。

如果仅仅用都市建成区的面积大小来比较她眼中的巴黎与深圳的差异，恐怕就会走了偏差。我想她更在意表达的差异是，在巴黎主城区漫步，时常都有一种“身处巴黎”的方向提示感（或者是被某些“焦点建筑”提示出来的）——而你在深圳即便处于这条“人为意识”明显的中轴线上，也不会有人刻意提炼出它的某种形象性。对于普通市民来说，中轴线或者仅仅是一个用于纸上谈论的“概念”，一旦落到现场空间感知上，它只是市民中心、中心书城、CBD、几个购物中心……拼成的一堆无意义组合而已。

无独有偶的是，黑川纪章在一开始设计深圳中轴线之时，也把从卢浮宫到香榭丽舍的散步大道，用于比较从滨河大道到莲花山的城市尺度。城市空间的其中一副面貌是“纪念性”，这个纪念维度负责提供“瞻仰”效果，并在空间上和观看者拉开一定距离（排除使用功能，让人感受严肃）；另外一副面貌则是它的“使用性”，而这个“使用性”就需要面对漫步者的检验。

“使用性”并不只是功能上的满足。如果说功能满足，现在的深圳中轴线几乎可以说是“应有尽有”：运动休闲可以去莲花山公园，文化体验有“四大金刚”（图书馆、音乐厅、少年宫、当代艺术与城市规划展览馆）以及中心书城，CBD 办公区域聚集了一大批高端写字楼，商业消费也有两个相互并连的大体量购物广场（并延伸至购物公园）……不可否认，这些“机体”都是中心区和中轴线的组成部分。但当一个漫步者忽然降临到中心区之内，他对这些功能的感知极有可能只是“点与点”之间的跳跃——一个“进入深圳”的游客，假设他游览完莲花山想去购物公园，现有的城市肌理也很有可能会“鼓励”他去寻找交通工具，从而“避开”步行进入我们这条中轴线。

换句话说，无论中轴线目前的功能有多么完整，使用者也无法在这里获得一种“漫步香榭丽舍大道”的徜徉体验感。当深圳中轴线被这些断断续续的“功能”切割，只剩下一些人与单个功能机体之间的线性联系（尽管有些在瞻仰体验上十分宏大），我们永远也无法在这里体验“城市故事”式漫步，也就注定无法像《爱在黎明破晓前》那样展开极富镜头流动性的维也纳街景。

黑川纪章关于“共生”的美好初衷，很有可能在现实中落空了。

中轴线、中心区与“伟大城市”的理解

从 1982 年的特区总规草图中提出“中轴线”这一构想，到李名仪、黑川纪章先后为中轴线添砖加瓦，也许深圳自己都未意识到短短近 40 年间它会经历如此之快的城市形态变化，又或者说，整个中国的城市化思潮都在面临巨大的变迁。

1980 年 6 月的《深圳市经济特区城市发展纲要》最早提出了“福田中心区”的概念，但当时并没有设置福田区，所以它最早对未来“皇岗区”的规划定位是这样的：“皇岗区设在莲花山下，为吸引外资为主的工商业中心，安排对外金融、商业、贸易机构，为繁荣的商业区，为照顾该居民生活方便，在适宜的地方亦布置一些商业网点，用地 1.65 平方千米。”

可以看出，深圳早期对“中心区”的定位，仍然有一种强烈的功能导向——这与一座工业城市的发轫期是吻合的，本质上也与今天很多中国城市规划 CBD 或者工业园区抱着类似的初衷：城市化的第一驱动力，应该是作为经济发展的引擎。

这种“产业城市”的基因深刻地留在深圳的血液当中。规划师吴文媛认为，产业城市的道路结构有一种难以摆脱的“中间性”特征：即我们由始至终都希望在一个城区增加各种与外部快速通达的连接；而唯有内部交通与外部交通不延续的城区，才有可能建立起注重城市品质的“中心性”。

当我们用这个视角去审视福田中心区，我们的确会发现这片区域中间性十分强烈，实在是“机动车的天堂”（据说华盛顿刚好相反，堪称“机动车的地狱”）。这是一种城市发展早期对机动车优先性的不自觉选择。而当我们处于快速行进的汽车优先思维模式中，的确很少有人会否认：现代感十足的福田中心区正在向他们展示了一座“经济城市”的伟大可能，并以摩肩接踵的高楼大厦为人们提供足够的视觉刺激。

这些观感都是真实存在的。每次有外地朋友来深，一旦来到中心区，他们的第一感受往往是不约而同的“深圳真漂亮啊!”——这里所说的漂亮，其审美指向更多是在瞻仰、赞叹深圳所表现出来的“经济成就”，至于那种提供给行人在地感受的漫步性，中心区是欠奉的。这些前一秒还在车上嗟叹深圳“伟大”的朋友，下一秒可能马上就会说：好，看完了，我们接下来去哪里?

这就是今天很多CBD式城区的常见通病：在一种代表资本生产关系的经济景观上它们可以做到极尽繁华，让人叹为观止；但对于如何让人进入、停留、漫步的那种“生活关系”，很多时候就被不自觉地排除了。

无论李名仪的方案如何确立了一条“中央绿带”，黑川纪章又怎样在这里设想出“共生”的城市伦理，深圳中轴线最让人津津乐道的地方，依然只是一座座恢弘的建筑构图，或者表现在经济数据上的地产价值。

2016年10月，联合国第三次住房与城市可持续发展大会审议通过了一份《新城市议程》，也许这是当代城市发展面向的一股新“暗流”：正当很多城市依然用工业化的产业思维去推举出一座座的CBD，以彰显城市发展成就的伟大，更多的城市却在“告别CBD”，用后工业化的思维去思考城市公共空间的必要性。

这也是深圳中轴线的“第二次机会”。假如说过去30年的中轴线发展有意无意间只成为深圳的一个“地理概念”，迫不得已地向经济维度的城市景观让位了——只负责

市民在市民中心合影留念 / 邓世杰 摄

串连起一些重要建筑，那接下来可以想象的深圳中轴线，应该是一个“主体性”十分强烈的城市走廊式公共空间。

当你从中轴线最北端的莲花山向南俯望，也许你的视觉想象并不会只到深南大道的边上就戛然而止；当你从中心书城的二层平台开始漫步，也许你的步行体验会随着沿途的丰富街景依次展开；当你走过市民广场，穿越下沉隧道，再走到“绿色的云”与南中轴二层平台，也许你的城市感知会被一系列的节庆活动打开……

人们需要知道深圳中轴线的“存在”，并不仅仅是因为它在规划意义、城市景观、建筑形态上构成了怎样的“伟大脊梁”，毕竟这只是一种被动的、属于“内行人”的审美趣味。

更重要的是，深圳中轴线这个事物是否会变成人人可以主动“参与其中”的公共空间，进而推动、渗入周边的城市肌理——这个城市是否还有另一种“伟大”的可能，它将不再以“经济至上”的方式讲述自己的中心区与中轴线，在那些宏大的镜头之下，还可以有细小、复杂、动人的“共生”故事。

也许，始终处于“未建成”状态的深圳中轴线是幸运的，因此，也是值得被期待的。

1998 年，市民中心屋顶用 300 多个直径 2 米多的氢气球做足尺实景模拟 / 资料来源：陈一新

1999 年，中心区法定图则第一版 / 资料来源：陈一新

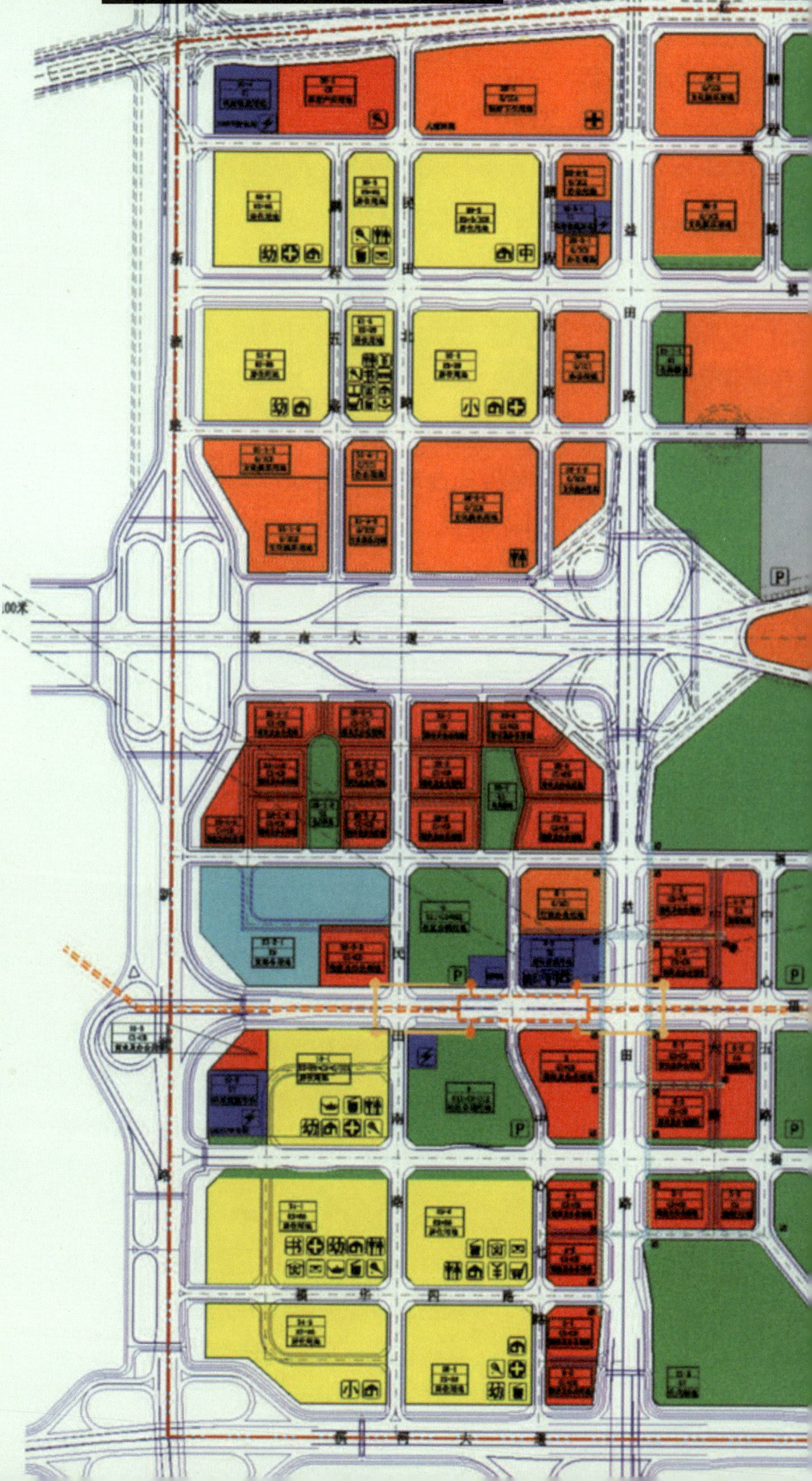

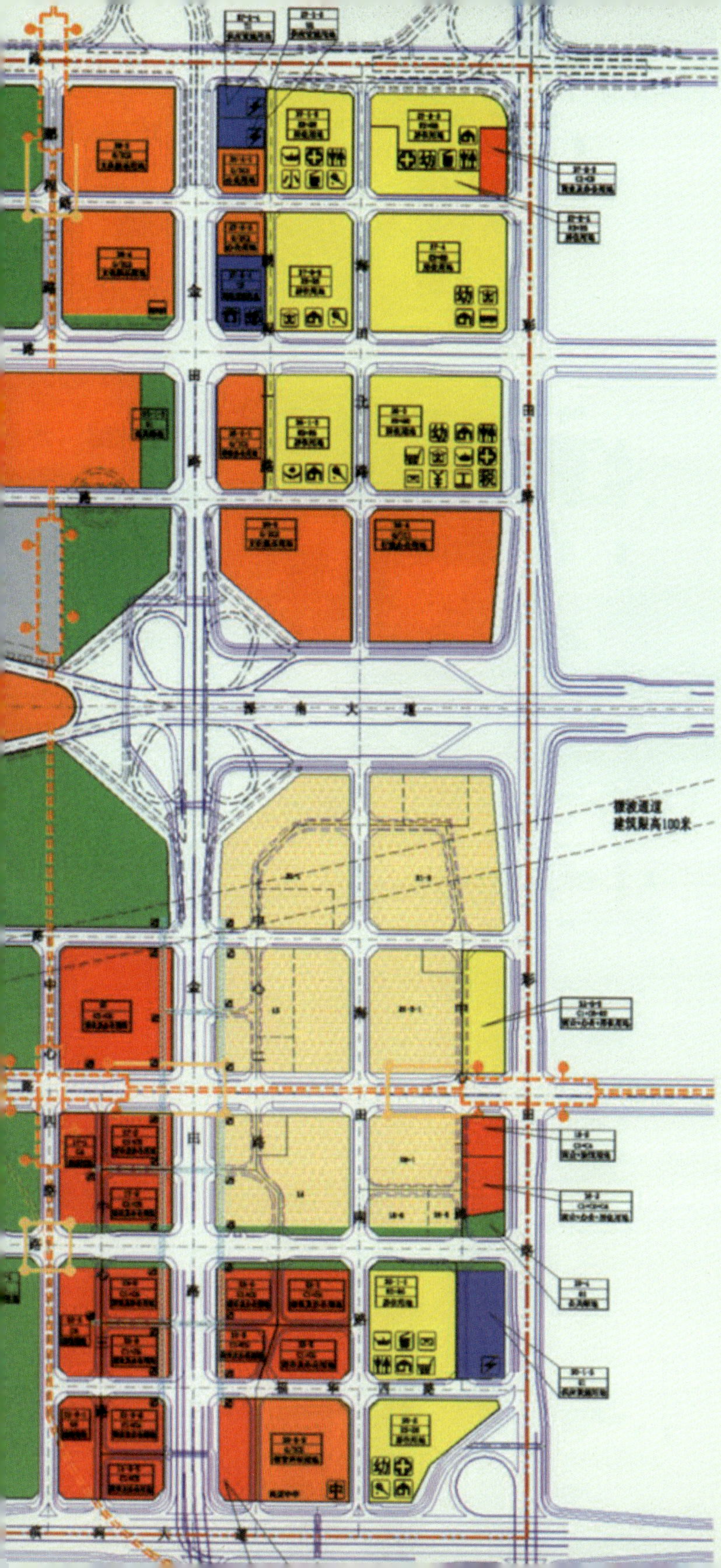
深南大道
微波通道
建筑限高100米

2016 年，在市民广场合影的一家人 / 邓世杰 摄

3

深圳少年宫：一座儿童乌托邦

江小船

乌托邦：走进红色梦工厂

有一年年会，父亲抽中了一等奖，当时得来一千块奖金。大人们拿到奖金的第一件事是对我说：去少年宫报班吧，挑你喜欢的。

对于90后的我来讲，少年宫是“靠谱的”兴趣培训机构。相比于学校严肃的课堂氛围，自然更受儿时的我的喜爱。因为那些奖金，我相继参加了素描、奥数之类的培训班，还参与了团体出游和知识竞赛。

如今细细想来，这段童年经历一定程度上影响了我长大后的志趣。

儿时的我没有意识到的是，少年宫其实在每一代人的心目中都有所不同。所以，当我踏入深圳少年宫时，有太多的视角可以去观看它。

当你走向少年宫，你会发现它是圆球、圆筒斜面等各种几何体的组合。事实上，少年宫的标志也是由圆形构成的宇宙天体、五彩的数码块状组合而成的。官方对标志的解

图｜邓世杰

释是：一个活泼快乐的少年怀抱浩瀚宇宙的形象，象征生活在高科技现代化都市——深圳的少年热爱科学、敢于探索世界的精神面貌。

在深圳的少年宫，科技、科学、探索、攀登，这些关键词是反复出现的。这跟它建成时的历史背景息息相关，少年宫2000年开始建设，2004年落成。1995年，深圳二次创业开始，行政文化中心由罗湖区向福田区迁移，少年宫作为文化中心重要项目之一，最早一批来到了福田区。

少年宫建筑场地位于深圳市福田区中心，地处市民中心区的“后花园”，北眺莲花山，与市民中心、图书馆、音乐厅等新建筑共同组成了深圳市21世纪的标志性建筑。当年人们相信科技是第一生产力，他们眼里的深圳，有着像中兴通讯、富士康这样的科技集团。所以，当时设计师们想象中的少年宫，自然也是有别于内地传统的少年宫的。他们希望突出科学技术的教育元素。因此，今天少年宫作为同一法人机构，同一上级主管领导，挂了两块牌子，其中一块名为“少儿科技馆”。

少年宫内的“圆球”，状如星球。在这里，“探索太空”之类的建筑意象被用来表达学习科技的重要性，也就成了少年宫“指引”青少年的精神纲领 / 邓世杰 摄

少年宫最初的设计宗旨是希望在深圳市中心区最北端景色秀丽的莲花山下为孩子们创造一个自己的乐园。故此在设计时，不是一个封闭的、自我意识满足的内部功能空间，而是融入城市环境的开放式的综合体。多馆合一，是深圳少年宫的一大特色。它占地面积约 5.5 万平方米，集合了科技馆、特种科普影院、少儿剧场和传统少年宫等功能为一体。

在少年宫当年的建筑设计中，力求从形态上挖掘少年的特点。建筑的几何组合被分别称为“少年山”“科学山”及“水晶石”。你今天能看到的是，平静的地平线破土而出崛起一座“山峰”，长 129 米，宽 128.5 米，高 40 米，在沿东北—西南对角线上的“山峰”被一劈为二，分别取名“少年山”和“科学山”。在“少年山”和“科学山”的核心上，也是基地的中心镶嵌了一颗巨大晶莹剔透的“水晶石”。它既是一个建筑功能性空间，又被定为孩子们实现梦想的乐园。

今天以成人的视角来看，“科学山”是陡峭的长阶梯，站在广场平地朝上望，甚至会给人晕眩的感觉。不禁让人怀疑，这样的阶梯是否适合让孩子们行走？可是在当年，这样的设计正是“勇攀科学高峰”的象征，“山峰”的巍然矗立，寓意蕴藏着无限的力量。

日丹诺夫少年宫（位于圣彼得堡市的少先队宫）——为了社会主义接班人——前身为俄罗斯帝国女皇伊丽莎白·彼得罗芙娜（Elizabeth Petrovna）兴建的阿尼奇科夫宫，有着令人眼花缭乱巴洛克的风格，被称为伊丽莎白时代最宏伟的私人住宅。十月革命后，阿尼奇科夫宫被国有化，改为圣彼得堡市博物馆。1934 年，又改为少先队宫，开设 100 多个课后俱乐部，曾服务上万名儿童 / 资料来源：维基百科

在阶梯的石碑上，可以看到五个大红字“红领巾广场”，不知是否算是深圳最具“社会主义”风格的一角？它把人一下子拉进这样的回忆里：胸戴红领巾，感受到自己是祖国的花朵、明天的太阳。

少年宫这三个字，是一个源自苏联的词汇。再细品，它代表少年们的宫殿。它是苏联为培养、发现天才儿童，帮助学校开展校外活动的场所，天然就是具有很强意识形态概念的建筑。

少年宫被引入中国时，就占领了各地的漂亮房子，如皇家宫殿、城堡式别墅、名人故居等。这大抵源于苏联最具影响力的列宁格勒（现已恢复旧称“圣彼得堡”）的日丹诺夫少年宫，它是一所名副其实的“宫殿”。它建立于 1751 年，拥有 300 多间房屋和大厅，可容纳两万名儿童活动。在苏联其他地区，儿童活动往往优先使用沙皇时代的皇宫、贵族府邸、俱乐部等大型豪华建筑。这给了当初访问苏联的中国学者惊叹和启发。

许多人也许不知道，中国最早的少年宫位于大连，成立于 1949 年 4 月 4 日——甚至早于中华人民共和国成立。今天看它的官方微信标志，一抹红底色，上面写着“第一宫”，小字是“中国校外教育”。从那里走出过国家一级著名指挥家、作曲家、词作家、歌唱家和舞蹈家。

日丹诺夫少年宫的创始人安德烈·亚历山德罗维奇·日丹诺夫（Andrei Alexandrovich Zhdanov，1896 年 2 月 26 日 – 1948 年 8 月 31 日），斯大林时期主管意识形态的苏联主要领导人之一 / 资料来源：维基百科

几十年来，孩子们在少年宫过着这样的生活：1953 年的孩子们在上海市少年宫玩桌上足球；20 世纪 60 年代的北京少年宫的孩子们在景山公园里唱《三面红旗万万岁》；与苏联关系融洽的日子里，许多少年宫的孩子都结交了一名苏联的笔友；80 年代，少年宫的政治色彩稍有减弱；90 年代后不少少年宫都向收费培训机构转型……

在深圳，看着在少年宫里开心玩耍的孩子，往往无法跟这些历史背景很直接地联系在一起。但这些孩子，在这座宫殿里被设想为一群追求科学知识的少年，因此你会看到能源、科普、生命、太空、海底、信息等各大主题的展馆，会看到先进的世界级数字天象系统（球幕影院）和动感 4D 环幕影院。今日，少年宫落成时的标识牌还在，上面刻着“梦想的天梯”，这背后对孩子们的期望可谓殷切而远大。

一直以来，少年宫都承载着集体主义教育、爱国教育和精英教育的责任和义务。少年宫在中国本质上是一所红色梦工厂，在这所梦工厂里，不同时期的孩子们的快乐都不尽相同，人们看待它的视角也在不断地变幻，它一边成为一代又一代人的儿时回忆，一边又出现在新一代儿童的视野里。

走近市少年宫，就好比走向了一座当代的红色梦工厂。这座梦工厂来到了新世纪的第二个十年，我们猛然发现，它好像站在一个交叉路口，等待它的，会是什么？

交叉路口：公益性？还是市场化

即便已经使用了十几年，少年宫今天依旧保持干净、整洁的形象，在初建成时更是给特区儿童留下“高大上”的印象，这跟少年宫的内外环境好、开放性强有着必然联系。

刚建成时，我表妹在少年宫的但昭义钢琴中心上课。但昭义是中国著名钢琴教育家，也是李云迪的老师。名人效应，一对一教学，即便不是在福田区的孩子，也有不少家长专程送孩子过来上课。

到今天为止，少年宫每个周末的接待人次可达上万。在管理者看来，地处福田中心区的少年宫，位置优越，与周边的图书馆、书城、音乐厅等公共文化项目相互影响作用，它太火爆，已经“不需要再宣传”了。

国内许多地方在新建科技馆、博物馆和青少年宫等公共文化设施方面，出现了一种热衷于多馆合一建设的现象。深圳少年宫把青少年宫、青少年科技馆和青少年剧场容于一座建筑物内。而它的建筑规划，更成为当初深圳中心区套餐中的必备项，让我们看到了今日以市政厅为主的行政艺术文化中心，加上莲花山所形成的特有城市文脉。

少年宫各方面的“公益性”，使其显得更为亲民，也是吸引大量人流的理由。科技馆各大主题的展馆是免费的，大量少儿活动是免费的。即便是收费培训班，同样的老师同样的课，在少年宫的收费也远低于深圳市内平均水平。

少年宫培训业务前台，多位家长正准备为孩子购买培训课程，电视里轮播的是做文艺演出的孩子们 / 邓世杰 摄

走进培训班，看一眼宣传单，口才表演类和乐器舞蹈类的收费分别是 1300 和 1700 元左右，确实是良心价格了。可不得不承认的是，这样优势众多的少年宫，跟国内的许多少年宫一样，走到了一个交叉路口，当它们还在探索如何贴近新时代儿童生活的少年宫样貌时，各式集教育与游乐功能于一身的“主题乐园”式的私营教育机构早已领先了少年宫不止一个身位。

像华侨城文化集团旗下的“麦鲁小城”，近年来就扩张到国内多个城市，受到了儿童及家长的热捧。它是一个按照真实社会同比例微缩，由孩子们在其中扮演有完善的各种社会职业的特色小镇，孩子们可以像大人一样在里面尝试扮演消防员、记者、医生、空服、飞行员等多种职业。更细分化的场景和更具趣味性的主题成为儿童服务设施的一种趋势。

连少年宫看似“官方正规”的培训业务，也受到了市场的冲击。深圳湾体育中心就开设了一圈跟儿童教育有关的培训机构。它为家长和孩子们提供了更多小而美的选择：孩子可以去私立舞蹈学校学跳舞，可以小小年纪就修炼起情商，也可以去参加童子军团，可以拥有环境舒适的落地窗琴房。除了课程内容本身的升级和多元化之外，这些新式儿童教育机构或服务设施更是在用户体验上下足了功夫。

当然，这些机构的培训价格也不菲，它们更多面向城市里中产阶级的子女。但教育市场化开放的趋势是阻挡不住的，少年宫如何适应市场经济的发展规律，成为其发展最作为政府运营的“公共场所”，少年宫在科普教育上的功能一时难被彻底取替，但也是因为这样，它对体验内容的设置与更新，才更显得重要
邓世杰 摄

大的难题。它作为一所曾被学校推荐、通过招考才能进入的地方，不仅参与培训的学费不用缴纳，连来回的车费都有补贴。在改革开放后，它也被要求要有自我造血的能力，才能在市场经济时代持续经营。

此时的少年宫，与外界花样繁多的儿童项目相比，显得迟滞。地下一层以“信息世界”为主题的展厅入口处摆放着一个建筑沙盘，但沙盘上的大部分建筑模型已经不知去向。另一侧，用来讲解和演示信息加密原理的几台设备，显得相对古旧，还能正常运作的显示屏上循环播放着将“少年宫”“欢迎你”等词组转换成数字密码后再解码的过程，也没有引起互联网和智能手机时代少年儿童很高的参观兴致。

科技馆各个展厅的主题感不明显、机器设备陈旧、教育内容落后于现实发展成为现阶段的主要问题，它们使得少年宫空间布局陷入了模式化。更重要的是，它急需专业讲解员——老师的角色来引导孩子做体验式教育。

可偏偏少年宫经费有限、人员编制受限，这些问题一时之间还无法得到很好的解决。加上公共文化教育事业又存在分属不同部门的情况，这会导致出现不同的要求和目标，使得各个部门的工作任务和方法也不尽相同。

时至今日，少年宫所产生的社会影响力是广泛、巨大的。我们不是不能建造出那些“最大最好最先进”的儿童活动场地，但少年宫在定位、转型、改进上如何做，在未来将成为非常有挑战的一步。尽管相比国内的其他少年宫，深圳市少年宫已是属于新型少年宫设计的典型例子，但它受到的挑战仍然不小。

作为社会主义国家特有的文化建筑，它与博物馆、图书馆、科技馆和文化馆有一定程度的类似，但也有其独特性。日本有国立青少年之家及儿童馆，美国许多博物馆、游乐园中都有少年儿童活动的设施，这些都为少年宫的设计提供有利的参考。

当代青少年宫的建设和未来的走向，将成为我们关注的焦点。

未来：以少年的经历去设计

与友人一起逛少年宫，他说："少年宫有一股烤肠的味道。"

我说："是吗?"

"对啊，里面有一个小卖部，常年卖烤肠。对于我来说，少年宫就是烤肠的味道，烤肠的味道很儿童。"

可见，当儿童进入一个空间，首先是通过感知觉来认知，进而对空间产生安全感，寻找兴趣点与刺激点，与建筑空间发生互动，对空间产生整体印象。一个专为儿童打造的场所，无论在建筑设计或空间设计时，都有必要加入儿童心理学的考量。

面对几岁到十几岁的少年儿童，"内化"对于这一时期的儿童起着重大影响。他们往往通过视觉、听觉、触觉和嗅觉来构建对事物的感受。一种好的建筑形式，能给予儿童视觉上美的感知，提高他们的审美水平。

因此，以少年的经历去设计，就显得尤为重要。少年宫建筑的空间，不仅仅是一种物理空间的存在形式，同时也是一种教育理念和制度的展现空间。

漫步在少年宫内，楼梯的狭窄使得一个坐下的孩子就可能对行进造成阻碍。某个场景一瞥，看着那些家长坐在楼道的椅子上，蓝标牌、铁椅子、浅色瓷砖的组合，这样偏冰冷的组合竟会让我产生身在医院的错觉。另外，尽管洗手间配备了多个儿童专用盥洗

少年宫内部，白墙蓝字，不锈钢座椅，视觉过于冰冷，有时会让人觉得这里是医院。而楼梯狭窄，梯级过高，好动的小朋友也较难登行
邓世杰 摄

台，但少年宫的整体室内设计，基本是以成人的视角来展开的。

经常可以看到孩子们在周末的午后，在少年宫的广场上溜旱冰。那些本具备有“攀登高峰”隐喻的斜坡，经常有小商贩在周边卖滑滑梯的塑料坐垫，孩子们会带着自己的坐垫把斜坡当滑梯玩耍。尽管这里在刚设计时，并没有“滑滑梯”的娱乐功能，却抵抗不住孩子爱探索的天性。

镶嵌在“少年山”“科学山”中间巨大的水晶石大厅，当初在构想时，明亮通透的玻璃屏风，形成内外部空间的相互吸引，还可以提供展示和活动的功能。但在现代主义建筑师的设计概念里没有“气候”这两个字——幻想着用空调解决一切，下午阳光照射会让少年宫成为一个温室，能源的耗费和日晒成为问题。

这给我们很重要的启示：如何思考与设计现代儿童设施？少年宫如何更好地引导儿童去使用这个空间？

在建筑空间设计中，需要考虑到同龄孩子的聚集性、随意性和探索性，还有专注和自主性。他们需要一个丰富的空间，来感知各种事物。

1952 年，现代主义建筑大师勒·柯布西耶设计了坐落于法国的马赛公寓。公寓第 17 层是幼儿园和托儿所，儿童们席地而坐，老师在黑板前讲述。周围摆放着带轮滑的独立式家具，书架是嵌到墙壁内的，孩子们在护栏走廊上远眺，可以看到对面的绵绵群山，屋顶有小游泳池、游戏场地、300 米的跑道，孩子可以在顶层自由地奔跑嬉戏。大家记住了这种充满想象力和人情味的设计处理，以及这一切给社区带来的活力。

梅丽莎·琼斯（Melissa Jones）编著的《儿童活动空间设计》，也指出关于儿童成长与空间设计的关系，明确指出现代设计师为儿童设计空间的前提是：着重确定 21 世纪儿童的生活方式，把儿童当作具有自己文化的独立个体或者群体来进行相关的设计。

回到深圳少年宫今后的内外部设计更新改造中，乃至国内其他的少年宫规划设计中，需要更多地将设计与教育心理、环境心理结合在一起考量，才更可能设计出孩子们真正长久地享受的成长空间。

建筑空间尺度的把握、寻路决策的设计、触觉元素设计都需要适应儿童的生理心理。他们的视角往往比成人更低，对色彩鲜艳的东西更敏感，对符号、图案和材料更感兴趣，他们需要一个丰富的空间，来感知各种事物。不同年龄层的孩子有自己的特征，同龄孩子又有聚集性、随意性和探索性，这些在设计时都需考虑。

被称作“最懂孩子们的建筑大师”的日本设计师日比野拓（Taku Hibino），在过去的十几年中，设计了超过 350 所幼儿园、保育所，极具独创性和趣味性。他认为未来的设计应关注于社会本身，符合人类本身的需求，尤其是在面对孩子时，好的设计更是会影响孩子的一生，因此充分考虑到孩子的天性非常重要。

在材料的选择上，他偏爱自然材料。这种选择背后，有着他深层的思考，“如果在儿童设施上大量使用假材料，比如人造木材，孩子们会被误导，以为木材是不会腐烂、发霉的。选择自然真实的材料，孩子们不仅不会被误导，还能从中学到各种各样的知识”。

日比野拓设计的幼儿园 / 资料来源：日本日比野设计株式会社

幼儿园里的食堂，在他看来不仅是一个吃饭的地方，还是对孩子们进行饮食文化教育的重要场所，开放式的厨房让孩子看得见食物是如何被烹饪而成的，营养理念可以从小养成。而他设计的厕所更是明亮、干净的，他强调大部分厕所显得阴暗封闭，容易给孩子造成恐惧心理，他希望孩子们拥有放松的如厕环境。

日比野拓的幼儿园遵循孩子的天性来铺垫、陈设建筑空间。在经历了数十年的摸索后，少年宫的建设和改造是否也应该更忠于它所服务的对象——孩子们呢？与其将从成人视角出发的宫殿送到孩子们手上，一个真正适合他们、能与他们对话的活动场所似乎更加值得期待。

苏联诗人马雅可夫斯基（Vladimir Vladimirovich Mayakovksi）曾对孩子们说：

“孩子们，
你们将来要像灯塔，
有谁
在夜里不能航行，
你就要用灯光给他们照亮道路。”

少年宫已度过了不可复制的时代，往后的模样需要我们真正用心去构建。

道阻且长，行之将至。但愿孩子们能像诗中说的那样，成长起来，给人以光亮。

4

深圳文化中心：城市文化耕耘的试验与迷失

建设在 CBD 中的“文化田”

图 | 王大勇

站到中心书城平台上的时候才发现，它仿佛“田”字中间的一横，周边立着的四座文化建筑（深圳图书馆、深圳音乐厅、少年宫、深圳当代艺术与城市规划展览馆）恰好形成四个“口”。再一抬头，则会发现，这片区域就像是中心区里一块凹下去的“文化田”，周围是莲花山和林立的高楼大厦，是寸土寸金、成行成链的金融商务中心地带。唯有此处，屹立着深圳的文化地标。

为什么要在 CBD 周围建造这一片文化田?

事实上，这种做法早就出现在 20 世纪的曼哈顿。20 世纪 50 年代，在约翰·洛克菲勒三世（John D. Rockefeller Ⅲ）的倡议下，由其领导的财团参与“林肯广场重建项目”，对市区进行重建，将林肯中心周边的败落地区改造为新的文化中心。目前，位于纽约市曼哈顿林肯广场的“林肯中心”，集中建设了 3 个世界顶级大剧院、多个独立的世界级音乐厅、70 多个博物馆、纽约图书馆等众多的文化艺术设施。

2017 年 6 月 1 日，林肯中心歌剧院和纽约地平线

林肯中心前身是纽约的圣胡安山居住区（San Juan Hill），19 世纪末至 20 世纪初，成千上万的工人阶级和贫穷的黑人聚集在这里。为了建造成新的文化中心，6000 个家庭和 700 名店主被强行赶走

资料来源：Eileen_10（Shutterstock.com）

如凯文·林奇（Kevin Lynch）所言，“城市设计的关键在于如何从空间安排上保证城市各种活动的交织，从城市空间结构上实现人类形形色色的价值观之共存”。各种类型的文化艺术设施，如同现代都市的标配，以此证明一座城市在规划与建设上的完善。

这或许也是黑川纪章在进行中心区总体布局规划的深化设计时的考虑。他将整个中心区的城市设计视为作曲。对于音乐家来说，作曲过程是对织体、曲式、编配、速度和节拍等各种元素进行创造性的整合、组装，完成音乐内容的创作；对于城市而言，它同样需要组合各种要素，共同谱成这份“城市音乐总谱”，在呈现城市的丰富与多元的同时，完成乐谱的完整性与协调性。在 CBD 中心建设这一块文化田，恰可视为中心区的一段对比复调。

位于北中轴线上的深圳图书馆、深圳音乐厅、少年宫、深圳当代艺术与城市规划展览馆四座建筑组成了一个“田”字 / 乔舟 摄

对于深圳这片素来被认为是没有历史的土地而言，这一片文化田的存在意义或许更加深刻。作为改革开放的前沿，深圳在近 40 年来一直是一座具有独特意义的先锋城市。各种叛逆、自由、创新的力量在这里汇聚，这种汇聚本身契合了“自然建造”的城市规划，但也对城市各方面的发展提出了要求——它急须摆脱“文化荒漠”的标签，以各种文化设施的建设为基础，进行城市的“文化耕耘”和市民的文化培养。

为此，中心区投入了大量的资金、时间与精力，建造了这一片文化田。各个文化艺术设施的建设，出自不同的建筑大师之手，以各自的独特风格共同宣告了城市对于文化的重视；又以不同的功能形式，共同效力于城市教化和服务的目标，成为城市文化多样性的重要标签，也是城市培养和满足市民们文化爱好的重要场所。

从书城和音乐厅的平台一眼望去，这里确实为从四面八方涌来的人们提供了一个休憩的场域，使其得以在这个陌生的城市里获取精神的慰藉，在压抑忙碌的工作中抽身，进行自由的呼吸。但从城市文化耕耘的角度来看，它是否真正地成为了城市中人的文化进修所，或灵魂栖居地？

中心区图书馆和音乐厅设计草图
资料来源：矶崎新 + 胡倩工作室

深圳图书馆的室内空间具有极大的“开阔感”以及由此带来的“自由感”——与中心书城类似的是，这样的空间似乎特别欢迎建筑使用者的席地而坐，当使用者们达到一定数量后，他们也成为了建筑景观的一部分，“充实”了建筑内在的意义 / 邓世杰 摄

深圳文化中心：平等还是区隔？

从书城平台下来往西走，穿过草地，迎面而来的是由水幕和三维玻璃曲面组成的立面。顺着水幕背后的阶梯拾级而上，便到达深圳文化中心的公共文化广场。深圳文化中心由图书馆和音乐厅共同组成，整个文化广场跨越福中一路，将两者连成一体，形成一个面向以市政厅—中央绿化带—莲花山为城市视觉轴线的开放空间。广场上的“金树”和“银树”，分别是深圳音乐厅和深圳图书馆的入口。

这是矶崎新在中国通过国际公开竞赛赢得的第一个实施项目，也是他第一个后现代主义的中国实践，呈现出矶崎新一直以来对于丰富的空间感的追求与创新。除却矶崎新本身建筑风格和偏好的因素外，采用后现代主义的手法，或许也跟深圳文化中心从一开始就扮演着城市文化地标的重要角色有关。

因此，矶崎新从一开始就奔着“一座标新立异的城市文化成长里程碑”的目标，同时避免使用高层来使其具有城市标志物的性格。相比之下，他更加重视内部的空间性，着眼于建筑与城市的关系进行设计，将中心区视为一个剧场，将深圳文化中心视为其中的一个重要舞台，市民可以在这里自由自在地从事各种文化娱乐活动。

无论什么时候走进图书馆，总是感觉明亮通透。

整个场馆建筑采用全开放、大开间、无间隔的“模数式”布局，造型独特，构思精

左：深圳图书馆开放的免费的学习环境（包括空调、饮用水、服务人员、洁净的地板），一度是深圳作为现代开放城市的重要标志，每个来到深圳的人都向往得到平等竞争的机会
邓世杰 摄

右：深圳持续高温模式时，深圳图书馆里众多市民撑着各式各样的伞在认真阅读，不少读者吐槽设计太不合理。深圳图书馆也面临少年宫一样的问题——设计要求面向中轴线，坐西向东，就遇到东晒（少年宫坐东向西是西晒）
资料来源：图虫创意

巧，形成丰富而有张力的空间体验。大厅内的银树枝向上生长，在每一层都形成不同的视觉观感。阳光穿过玻璃幕墙照射进来，向外望去，可以看到莲花山、中央绿色带和市民中心的景色。界面与外部空间紧密结合，由内而外地融为一体。

来这里的人，年龄多数在 20 至 30 岁的区间。这是城市里患有知识饥渴症的一群人，也正是这个年龄段的人，才对于自己的知识和眼界感到如此惴惴不安，要努力平复狂躁的状态，来这里安心地享受滋养。

“我那时候刚来深圳，除了公司和宿舍，没什么地方可以去，所以每天下班就来这里待上两小时，周末也都在这里泡着。那是我人生阅读的高峰期，你就这样一本一本地读，一个书架连着一个书架地读下来，读完也就知道自己要什么，该做什么了。深圳图书馆很适合我这样的外地人，连闭馆时间也是。”

他后来去了北京创业，偶尔来到深圳，必去图书馆缅怀一番。对于他们而言，图书馆提供了融入城市的途径。这大概是中国第一个不需要任何证件即可出入的图书馆；还有一个借书网络，遍布深圳的各个社区，真正起到公共服务设施服务老百姓的作用。无论你来自哪里，做什么职业，种种区别在书籍面前都荡然无存。在这里，你可以自如地进行阅读，或参加南书房的各类读书活动，和热爱读书的同好们一起交流分享；在这里，你可以平等地和书籍、和自己、和他人、和城市、和世界进行对话，建立起新的关系。

与“金树大厅”等命名相对应的是，音乐厅的玻璃幕墙下，布满了树木式的柱架，意图呈现出一种“都市森林”的形象 / 邓世杰 摄

在休息区和旁边的人聊起来，才了解到他来自河南，来这里备考。

“图书馆很安静，我们很多备考的人都来这里；对我这种想考公务员的人来说，这里也更接近深圳的中心。”他说，每天最享受的时刻，就是在闭馆提示响起的时候，从银树里钻出，跟着广场上传来的街头弹唱哼上一段，《一生有你》或是《风吹麦浪》。一天的备战就此结束，充实而圆满，“感觉离深圳的中心又近了一步”。

如城市规划师简·雅各布斯（Jane Jacobs）所言，“良好的公共空间不但能满足使用者生理及心理的需求，更重要的是能促进空间中更多活力的产生，增强公众的场所归属感”。而同样地，人们在这些文化建筑里被濡染熏陶，又能反过来影响建筑的空间性塑造，形成空间的延展，并升华为城市精神。在深圳特区成立 30 周年之际举行的“深圳最有影响力十大观念”中，我们可以看到，深圳精神已经从“时间就是金钱，效率就是生命”逐步发展演变到“让城市因热爱读书而受人尊重”。作为深圳文化耕耘的第一块试验田，深圳图书馆已经以其平易近人的一面，让更多的人在不知不觉之中融入城市，成为深圳

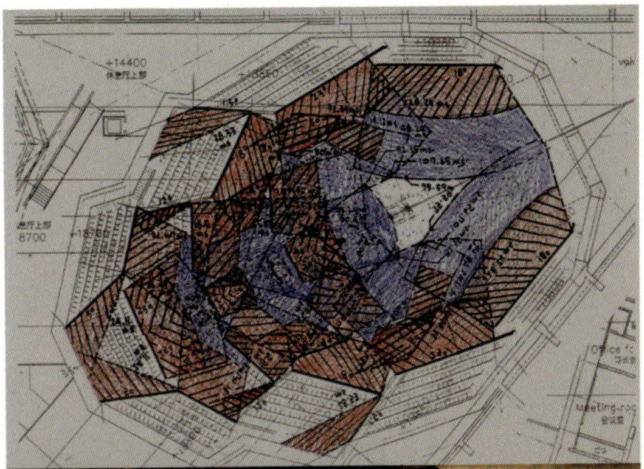

上 | 音乐厅设计过程稿 / 资料来源：矶崎新 + 胡倩工作室
下 | 音乐厅演出中，葡萄藤式的观众席 / 资料来源：图虫创意

人共同的书房。

而位于对面的另一块试验田——深圳音乐厅，则如同这座文化森林的另一个世界。

走进金树大厅，便进入深圳音乐厅了。这是一座现代化的、专为演奏音乐而设计建造的专业级音乐厅。据说矶崎新当年设计的时候，特地找来声学顾问一起合作，最后选择了现在的葡萄藤式的观众席；还专门为大音乐厅制作了 1:10 的模型，置于 10% 大气压强间进行声学实验，以争取现场 1680 座的观众席更接近舞台，享受更优质的音效。这一设计深受国内外音乐家赞许。

与图书馆成行成片的人群相比，音乐厅除了演出，一半时间处于空置状态，平日里门可罗雀。不得不承认，即便有着相同的外衣，但音乐厅并不如图书馆那么和蔼可亲。它在金树枝的陪衬下，显得那么尊贵，以至于站在大厅里的人，都忍不住要抬头仰望。

落成的图书馆（左）及音乐厅
资料来源：深圳市城市设计促进中心

打开音乐厅节目单，演出列表里有《久石让电影音乐 30 年大型交响音乐会》《触摸未来——匈牙利音乐教父艾文·纳吉全球钢琴独奏巡回音乐会》《深圳交响乐团·大师经典系列之悲怆》等，与大厅之外广场上传来的流行乐曲形成鲜明对比。后者似乎因为可以随时随地吟唱，而更加容易钻进人群，再从路人们的哼唱声中钻出。以至于让人觉得，这种街头音乐才更适合从图书馆出来的人，而并非对面音乐厅的古典乐曲。

音乐厅的雏形诞生于公元 15 世纪之前的教堂，后来随着文艺复兴，这种形式走入王公贵族的府邸和富人私宅的客厅中。与之相应的古典音乐也一直都看似高高在上，在大众的眼里，它并不仅仅是一种音乐类型，更代表了一种品位，甚至是一种身份。用布尔迪厄的话说，一切文化实践中存在的趣味，实际上与教育水平和社会出身两大因素相关，由此形成了审美区隔和社会等级。

即便音乐厅通过设置门票的方式，使其成为一种消费对象，可供任何人自由选择；但事实是，当自由权利被放大，多元的选择被凸显，区隔便体现出来了。换言之，有能力消费一场交响音乐会的人，未必有欣赏它的水平；即便聆听同一场钢琴演奏，也无法进行同样纯粹的凝视。

这种品位区隔带来的距离感无法被抹平；而音乐厅真正想做的事情，恐怕也不是和每一个听众去进行平等的对话。它天生高雅，经历了一系列发展演变之后，才从原先的封闭性空间转换成今天的公共空间，才从贵族的音乐会演变成群众的音乐会。

音乐厅内有价值 1700 万元的“镇馆之宝”管风琴，为了让它能够得到充分使用，音乐厅每个月都做一次管风琴音乐会，免费向市民开放。用音乐厅总经理王雷的话说，“要让它与市民发生联系，让它不是一个装饰品，而是大家可以去欣赏去使用的艺术品。”

或许以亲民的方式提供高雅音乐服务的方式，是音乐厅正在进行的“耕耘”；但这种在客观上提供一个让不同审美水平的人得以交流分享的公共空间，同时借助各种音乐演出与公益活动的“耕耘方式”，是否真的能为城市培养更多愿意欣赏古典音乐的市民？我们无从得知。

相比之下，广场上的街头弹唱似乎更能吸引那些漫步于此的人们。他们驻足聆听，或随口跟唱，掌声阵阵。

深圳的当代艺术馆和城市规划展览馆因为被规划为同一个建筑，设计圈称之为“两馆”/王大勇 摄

深圳当代艺术与城市规划展览馆：迷失中的文化耕耘

遥望远处的两馆（深圳当代艺术与城市规划展览馆），就相对凄凉了。偌大的一块“漂浮的石头”坐落在少年宫对面的广场上，却无人问津，只是偶尔会有摄影师来此取景。

整个建筑的形式生成于功能空间与立面表皮的融合，主概念设计如同一朵银色的“云”。当代奥地利先锋设计团队蓝天组（Coop Himmelblau）在此又再一次展开他们对于“云”的理解与想象。蓝天组以“造云者”自居，在作品中不断诠释“云”的概念，希望建筑设计能够像云一样，漂浮与多变。

这种“漂浮与多变”，似乎也在事实上暗示了两馆的命途多舛。

两馆的设计，从一开始就不自由。曾在中心办任职的黄伟文笑称这是“戴着镣铐跳舞”的一个城市设计，因为这座建筑所处的位置十分特殊，要与现有的 3 座文化建筑呼应与和谐。

“首先，它与少年宫间要有一个平台，与深圳文化中心的平台相呼应；二是，其他 3 座文化建筑往外均是一面实墙，两馆也应如此，并与少年宫的外墙对齐；三是其他 3 座文化建筑的建筑最高点为 40 米，造型是朝里往下对着中心花园，坡顶向中轴线倾斜，两馆理应亦然；四是音乐厅与图书馆朝中轴线的这面是玻璃垂帘加平台的设计，寓意拉开幕布的文化舞台，因此，两馆朝中轴线的这面也要求有与之呼应的整体立面，并且要扩展到少年宫。”

这些设计要求都构成了两馆建筑外轮廓的约束条件，如矶崎新所言，“它不能是自由的、雕塑形态的馆”。在蓝天组的设计中，他们将两馆的主楼层设置于地面层上方 10 米处，营造出一个颇具舞台感的平台，作为一个统一的元素与周围建筑联系在一起，这个高度也使其与相邻的少年宫将来可以通过一道宽面桥相连通，从交通联系或者逻辑意义上共同形成与深圳文化中心的对应；同时以建筑形体的扭转建立了主入口和中心轴线的友好关系，也填补了城市中心规划区域东翼的最后一块空白，使得中心区内各个文化建筑之间的空间联系更加和谐。

黄伟文告诉我们，这块地方起初就是留给艺术的。“可惜市政府认为别的城市都有规划馆，这块地应该用来建设城市规划展览馆。在我们的争取之下，才有今天共用的结果。虽然我们是真心希望以艺术为主，规划为辅，但如今看来，也可以看做是扩展了当代艺术的外延，把城市设计作为当代艺术的一部分。”

“共用”的两馆要在一个整体之中，体现不同的功能和风格。城市规划展览馆是具

对于一个建筑而言，落成后成为摄影网红圣地是第一步，热潮过后经过市民激活使用，才是真正开始让建筑“活下来”/ 邓世杰 摄

有展示、公共查询、交流研究、教育宣传、观光等功能的城市窗口性公共建筑，需要稳定的空间；当代艺术馆主要进行现代艺术和设计艺术两大领域的展示和收藏，在空间上具有比较大的挑战性。蓝天组通过悬挑结构和黑、白两种主题颜色的区分，令二者和谐地融为一体。这种借助规划和设计来进行协调和平衡各功能分区的做法，似乎也是中心区本身的特色之一。

黑色的城市规划展览馆低调、沉稳，进入其中，仿佛有老者在用低沉的声音，讲述着这座城市如何步步蜕变；白色的当代艺术馆则显得优雅、包容，地面的射灯已经备好不同的光线，等待着唤醒观者驻足欣赏、凝神静思的一刻。大量的公共区域又给足了人们自由交流的空间，似乎即将漫步于此的人们在此间的每一个位移与停留，才是建筑设计的核心与场馆存在的要义。

两馆的名誉馆长张子康曾说，“看一座城市的创新力，要去看它的当代艺术馆”。然而，曾经声明将于 2016 年开放的两馆，预计 2018 年年底才正式开馆。

相对于平日里“人头涌涌”的图书馆或音乐厅而言，两馆的内部空间明显要冷清一些，这也许是因为两馆的实际使用功能迟迟未对公众（完全）开放。截至本书出版，当代艺术馆已有展出活动，而城市规划展览馆预计在 2018 年年底正式开馆 / 邓世杰 摄

有人说，当代艺术馆将被改作“改革开放历史博物馆”。在公共文化空间进行意识形态的实践，这种做法实质上已经对公共化过程进行了预设，这里不会产生对话，只有单向且封闭的规训。换句话说，来到此地的人们，除了瞻仰和学习改革开放历史之外，几乎很难再进行更多公共交往与思想的碰撞，进而对空间产生“自发的影响”。如何产生更多公共交往的意义，或许是这座场馆将要面对的关键问题。

而从当代艺术馆，到两馆共用，再到可能改作“改革开放历史博物馆”，深圳的“文化耕耘”似乎也步入了云层，迷失其中了。这块空间到底应该用作什么？城市要继续为市民们提供何种文化场域，进行何种文化滋养？这或许是规划者、建设者以及市民们共同的疑问，也是需要共同解决的问题。

唯一可以确认的是，无论两馆最后走向何方，如果无法和市民们的生活发生呼应，与城市公共生活交互、共生、渗透，那么，它也只是一个文化的空壳，一块昂贵的石头。唯有让两馆容纳融合进城市的生活内容中，才有可能获得来自城市中人们的更深入的参与；唯有在更深入的参与中，黑川纪章的“城市音乐总谱”才有可能完成其关于公共性的想象，奏出和谐的乐章。

它们的未来，漂浮多变，如云一般。

5

中心书城：中轴线上的文化码头

苏瑾

受限于空间，造就体验式书城

第一次来书城，是一天晚上从莲花山公园沿着绿道下山，黄昏时分的观景平台被微弱的路灯点亮，从林间一直蜿蜒至中心区空中。在平台的尽头拾阶而下，便遇见灯火通明的中心书城。

坐落于福田区中轴线北段的中心书城，四周环绕着高耸入云的摩天大楼。如果站在当中任何一座摩天大楼的顶楼俯瞰，大概都难以发现这栋浅灰色的低矮建筑。只有当你从深南大道的主车流中拐出，进入福中路，依次经过艺术馆和音乐厅，横亘在福中一路上方的中心书城，才会随着车辆的行进缓缓映入眼帘。

书城的外墙立面采用浅灰色石材，规整的长方体外形，高度仅两层，低矮朴素的外型与四周高楼的玻璃幕墙形成鲜明对比。分流主干道车流的福中支路从其一楼穿过，将书城划分为南区和北区。书城连通了中心区的南北，并在东西向上进行了分割。这样特殊的交通位置，让人无论从哪个方向走上福中一路，都可以轻松进入书城。

不同于一般书城的构造与地理位置，并非是在规划最初有意为之，现在回看，它产生于规划者在街区实践中电光火石的一瞬间，恰恰诠释了在静态的城市空间中，所蕴含的无限可能。

图 | 邓世杰

诞生于“一区一书城”战略布局的中心书城，本应该与市民中心、少年宫等地标性建筑一起，成为中心区的一部分。但在最初福田中心区的规划中，并没有专门预留给书城的位置，当中心区的四大地标建筑——深圳市图书馆、音乐厅、少年宫、当代艺术馆（当时还没有规划馆）都已规划好时，该把书城放在哪里，又该如何在中心区的摩天大楼之中建成一个不同于罗湖与南山书城的建筑，成了最大的困惑。

当时中心区已规划好了从市民中心通过一个步道观景平台接到莲花山公园，参与中心区规划设计的日本建筑大师黑川纪章认为，可以将平台以下这块占地 8.7 万平方米的土地面积设计成生态环保资源回收中心和停车场。对于生活在 20 世纪 90 年代的中心区规划者而言，“生态环保资源回收”是一个陌生的概念，而要在中心区腹地修建大型的资源回收中心，更是一种难以理解个中缘由与理念的规划。

于是有人建议，不如让书城进入到观景平台以下，这个平台底下相当于仅有一层的空间，这就与罗湖书城、南山书城甚至全国大部分书城的“垂直式结构”区别开了，与此同时，书城应该是一体的，不能够被道路分割成孤立的南北两片，而必须要跨过福中路连接起来。

要有横跨道路的空中钢桥连接，同时要贴俯于平台，依这一形势顺水推舟，人们认为不如将书城按照一个延展的平台而不是一个独立的单栋建筑、按照一个大卖场而不是一个大书店的理念开始规划，“拱起来连接的部分需要做得非常轻巧，不像一层楼”，于

中心书城和夹层的商业配套 / 邓世杰 摄

是书城利用层高较大的条件设置了局部平层：第一层空间高一点，第二层矮一些的“夹层式”设计。

有了夹层，书城就有了空间做相关的商业配套，这一设计不仅在投入使用时迸发出了意外的效果，也与一般书城仅是对传统书店空间和规模进行算术叠加的模式有了质的不同。

一般对大型书城的界定，是指面积 5000 平方米以上，常年经营图书 10 万种以上，能满足“一站式”购书的一种图书销售空间，而中心书城所代表的模式，将书城从“书店集大成者”中解脱出来，将其拓宽为一个“文化 + 商业”项目。它所销售的商品以图书为核心，同时以读者为本，利用自己大市场营销组合的资源与空间，提供全方位的文化和生活服务，“体验式书城”是规划者对这里的商业定位。

例如书城中的眼镜店，是因为经常读书的人容易近视而需要配镜、换镜；配套引进的大小餐饮，是为了不仅能让读者在书中获得精神粮食，也能有物质粮食；24 小时营业的“星光阅读栈”，自书城开业以来就没打过烊，成为入夜后深圳夜空中一盏知识的长明灯……水平延展的结构特点，提高了停留率与可逛性，是成功的“注意力销售”。原本静态的建筑空间，让这些配套的文化生活服务得以与前来看书阅读的人群互动，从而共享书城的人流与平台，空间中有了人气，便挖掘出了潜在动态的文化能量。

建于中心书城二楼的“24 小时书吧”，前身为“星光阅读栈”，是深圳第一家也是国内最先尝试 24 小时营业的阅读场所 / 资料来源：图虫创意

友人曾经形容第一次到书城的感受：走到影碟区，墙上有当时还很少见的壁挂式 CD 试听机，戴上耳机，眼前的整个世界都安静了。那一刻一种“真好”的感觉涌上心头，触手可及的音乐感动，让人隐约感受到是一种专属于大城市的“格调”。

“体验式经济”这一概念，诞生于市场营销学的第二次革命，并逐渐成为世界文化产业的主流，引领至今，衍生出了例如“用户体验”“二元销售”等营销战略。近几年来大部分大型书城从传统的卖书集合体到以出版物为核心的“文化 Mall”的转型，被认为是中国书业十余年来采取的若干自我救赎手段中一个较为成功的手段。

中心书城以图书卖场所搭建起的空间成为其他卖场的展示和销售平台，开业以来商业平均动态出租率一直维持在 95% 以上，说明人们愿意停留在这里。书城的选址与规划在当初并不是有意为之，但的确在一步步中，抵达了一个新型大书城商业模式的本质，中心书城的书业与商业在文化 Mall 的模式下，找到了共生的支点，“不仅是书，这里什么都有，可以逛上一整天”，代表了大部分人对书城的印象。

CBD的注脚，吞吐量极大的文化码头

2006年11月，中心书城借第七届深圳读书月启动而开业，这一开篇暗示了书城对于精神文化消费的主张。

第二次来书城是大学二年级，和社团的朋友一起来听迈克尔·桑德尔（Michael J. Sandel）的现场公开课。我们在书城的北区大台阶上见到了这位《公正：该如何做是好》的作者，一如其一贯的风格，甫一开场就按照惯例向观众抛出非典期间醋涨价是否公正、黄牛党炒票是否合理等问题，并引导赞成派与反对派观众进行现场激辩。

通过提问和辩论，桑德尔试图引发观众思考：一切是否都能用金钱来衡量？市场的道德界限在何处？钱到底是会导致不平等，还是最公正的手段和结果？在桑德尔看来，认真思考替人排队、倒票或倒卖门诊号和其他插队形式的对错，可以帮助我们窥见市场逻辑的道德力量和道德局限。

具体最后哪一派占了上风，桑德尔有没有在提问时做出他标志性的动作，我已经记

市民在书城大台阶休憩
在 2017 年一次关于龙华书城设计竞赛的交流会中，书城管理方深圳出版发行集团总经理尹昌龙表示希望“通过书城的建造和运营重建这个时代的公共生活”。按照“一区一书城、一街道一书吧”的战略布局，深圳出版发行集团已经建成深圳书城龙岗城，正在着力推进建设深圳书城龙华城、湾区城、光明城、大鹏城、数字总部基地等市级公共文化设施
邓世杰 摄

不清了。我只清晰地记得那晚的情境仿若置身于古希腊城邦的公民大会，大家席地坐在北区大台阶上，一起讨论何为道德与正义。

桑德尔是学术界著名的政治哲学家，那晚他站在台阶的最底层，和我们的距离很近，更像是一位提出命题的议会主席而不是老师。来听的市民中有学生，大多数是上班族，另外一些是带孩子来书城的家长，活动不需要门票也不收费，一个完全敞开流通的演讲空间，让任何人可以在任何时间，随意在大台阶上找到位置坐下，进入我们的讨论。

现在回想，如果桑德尔当时去的是更为严肃的大学或者图书馆的报告厅，或更接地气一些的广场和购物中心，大概都不会再创造出那样的场域。

南北区的大台阶，属于中心书城在设计初就为展示各类文化产品，举办各类文化活动而留出的大量空间之一，这些空间使其具备了全天候、大规模举办各类公益性和商业性文化活动的条件。

创
意
书
生
活

中心书城的空间存在一种尴尬：它既在电子书时代让读者得以在一个大范围的阅读空间内“停留”，但它本身的设计却没有包含足够的座椅（这个可能是另一个难题），最终导致了大量读者经常席地而坐的情况

不过喜爱深圳的人往往又会在此得出一种隐喻性的解读：深圳人的求知欲望，是如此蓬勃地表现在中心书城内——设计上可能的尴尬反而构成了被解读的景观 / 邓世杰 摄

自 2009 年初，中心书城推出一项旨在提升市民闲暇生活质量的“深圳晚 8 点”大型公益活动，在每周一至周五晚间 8 点时段举行。桑德尔来的那次，正是其中一期“深圳晚 8 点”。这些文化活动，让书城早已不仅仅是卖场，而成为城市公共生活的客厅——以书为载体，提供一个场所可以让市民聚集在一起，离开互联网屏幕阅读而到一个实在的空间与书本阅读中，彼此会面与交流，一起讨论公共议题。

如果说“体验式”书城的商业定位让人可以“在这里逛上一整天”，那么这里开放而不失品质的公共氛围，则给人带来“没事就去逛逛”的文化体验。无论是从莲花山公园漫步而下，还是偶然经过福田中心区的中轴线，结合深圳的气候条件，中心书城不论是在地理位置抑或功能性上都是绝佳的休息处和落脚点。可以想象的是，如果未来的深圳需要周期性全民参与的城市论坛，那么最合适举办的地方，莫过于中心书城。

工作日的傍晚来到书城一楼，可以看见人群围绕着一楼中庭坐在地上看书，他们当中有穿着校服背着双肩包的中学生，也有穿着西装拿着公文包的上班族。在他们头顶的书城上空，挂着“让城市因热爱读书而受人尊重”的横幅。

或许对于每天在这里驻足阅读的人而言，“城市”和“受人尊重”是略显宏观高大的命题，书是一个可以纯粹带他们逃离日常生活，不与柴米油盐、早班地铁和方块写字

楼有任何关联的地方。在为个体提供了心灵港湾的基础上，中心书城与其他书店最本质的不同，在于以平均每一天半就举行一场的文化活动为载体，满足了人类对聚集、交流与议事的“社群性”期待的公共生活空间的需求。抱着这样一种渴求文化身份的期待，人们从心灵的港湾沿途上岸，继续启程。

站在顶部的观景平台上环顾，中心书城四周环绕的福田 CBD，同样产生于一种“社群性”期待——在高度分化的单向度社会中，社群必须通力合作，整合更多人流、资源与空间，才能继续让历史的齿轮蓬勃向前。书城中由书籍与空间所呈现出的中心公共空间，营造的是更为独特的文化场域，人们在这里可以谈论正义与道德，可以先将“脚踏实地”的城市梦想放在脑后，头脑中只留下头顶的星空。

中心区的车流如同城市的血脉日复一日地奔腾，分支到福中一路上的车辆，却都慢慢放缓车速，靠边停泊，装卸货物或者接送读者。“这里每天都有文化事件，如果没有，就让它发生。”中心书城是一个吞吐量极大的文化码头，如果将深圳视为一本书来阅读，高楼大厦是都市的正文与主旋律，那么中心书城便如同对这片钢筋森林的注脚，匍匐于城市的中轴线上。

实体空间的力量：
公共性与市场性的制衡

2016 年，在英国，电子书销售比往年下滑 17%，总额 2 亿 4 百万英镑，为 2011 年以来的最低点。实体书销售上涨 8%，为 5 年来最高，达到 30 亿英镑。有人说这可能是年轻一代对生活中太多面对屏幕的一种反弹。而业内人士分析，这是因为书商为保证纸书的销售量，给几乎没有生产成本的电子书强行加价。亚马逊上很多 Kindle 书都比实体书贵几美元，让电子书用户进退两难。“这不是反弹，是一群老不休对世界进步的阻拦。”

网络书店拥有快捷的购书方式、海量的书籍种类，不但逐步蚕食了实体书店的经营份额，深刻改变了图书经营的业态，更唤起了书店的普遍危机感。读者去实体店“试看”书籍，并在网络书店以更优惠的价格完成购买。这一现象被称为“showrooming”，

基于文化的商橱摆设学：中心书城一楼空间
随着社会审美逐渐开放，在买书和卖书的交易功能之外，书店的空间以及格调也成为了它们的"存在意义"之一。有别于"新华书店"式的空间美学，让中心书城一度成为书店爱好者眼中的风尚引领者。而又随着方所、诚品、先锋等新一批民营书店进入市场，书店设计美学在这一浪潮中百花纷呈(新华书店也已开始转型)，中心书城曾经的"先锋"光芒，也变得没那么显眼了 / 邓世杰 摄

实体书店变成了网络书店的免费展示厅。

在这一现象之下，一些曾经闻名的老牌书店如光合作用、北京风入松、广州三联、上海思考乐书局、西安的新华文轩纷纷关门，告别老读者，退出书店的历史舞台。同时，诸如南京先锋书店、西西弗、台湾诚品、广州方所这样的实体书店开始兴起。2014 年，实体书店图书零售市场一改前两年负增长的态势，实现了 3.26% 的正增长。如果将从阵痛到回暖称为实体书店的一次转型，那么这次转型的核心要素就是书店的多元化经营，无论是在书店设置咖啡店，还是"文化 Mall"的模式，本质上都是空间内部结构的调整。这样的调整与社会实践对空间新需求伴生而来，也符合社会期待。

新技术的发展削弱了读者对“实体书店与阅读空间”的对应感知，强化了对无场域限制的“泛阅读空间”的认同。是否存在物理实体的空间，是什么样的空间，如何把书安排在恰当的位置，如何让书在这个空间中成为领袖主导，真正变为统治性的力量，赋予了中心书城在网络书店面前继续存在的意义。

现在走在中心书城的二楼，“创意工作坊”“深圳艺廊”“油画工作室”“基本生活”等商铺通过环状的室外走廊线性拼接。如果没有沿着这条走廊一直漫步，大概会难以发现这些内容各异、多样丰富的功能单元。夹层式的设计虽然延伸了书城整体的经营面积，但若仅仅是对商业配套做简单的线性排布，会让这些独立划分的小空间无法参与到整体的空间中来，一二层之间、夹层的单元之间缺乏连通性，人群与场域被分隔开，缺乏发现交集的机会，空间便无法被活化。

站在二楼的走廊上，占据了大部分视野的是一楼整齐码堆的书籍与书架，最初对这里“大卖场”的规划，为这里带来了独特的空间构造与高负荷的人流，也让中心书城现在的内部空间状态在设计度上稍显劣势。由于最初并不是以大型书城的标准来配套硬件设施，中心书城在开业初便面临动线铺设、无专用的餐饮排气管、无独立的员工通道、无备货区与理货区等问题。密集的人流访问，加之高强度的工作要求，书城内部的设备已开始加速老化，墙面、地面也已不如从前崭新明净，硬件设施上的“硬伤”，让中心书城对室内空间进一步的设计与改造变得艰难。

业内人士如此评价中心书城的内部构造，“室内设计度欠缺特点，属于比较中性的空间”。的确，相较于诸如西西弗等“对书做加法”，以书为载体，为其附加生活方式、设计美学等方式的营销战略，中心书城的室内设计与品牌格调显得“平易近人”，在介于“下里巴人”与“阳春白雪”的“中性空间”背后，隐含着书城市场性与公共性的矛盾。

目前中心书城的服务主要有 3 个层次：核心是图书销售，基础是阅读空间的提供，扩展服务是提供休闲空间（餐饮、购物）等。在实行多元化经营后，实体书店作为公共阅读空间的门槛提高，如诚品、方所等书店的存在，革新着人们对“书籍”与“书店”的认知，一如十几年前中心书城在开业初就规划了 24 小时书吧，引入经营外文书籍“益文书局”等尝试，也正是实体书店业态内的一次大胆而成功的革新。

十几年过去后，在技术浪潮与资本运作的冲击下，中心书城有着从上一个浪潮积累下来的广泛市民读者基础，静态的舒适阅读空间与“深圳晚 8 点”这类对城市的“动态阅读”并具，构成了作为文化码头的公共性。书店业态内新一次浪潮的兴起，让人们对阅读空间的认知也开始进一步更迭，如何把书的力量、书的光芒发挥到极致，让书在与实体空间的交融中迸发出线上书店无法提供的氛围与场域，构造出与其他独立书店及书城不一样的特点，从而成为深圳人们真正的“精神空间”，则需要我们从更为“市场性”的立场去规划与建构。这对政府的实际反哺支持，管理者对室内空间更具组织性的设计提出了更高的要求。

书籍是特殊的产品，书城是一个特殊的存在，这种特殊性决定了每一本书和每一个书店跟纯物质不一样，书与物理空间之间所能为彼此带来的灵性与生命性，是其他经历难以取代的。当我们回忆起一本书、一种观念或心情，最能唤起记忆和生命体验的可能就是当时的“此时、此地、此身”。实体空间是一个纽带，将书与心灵的成长紧密联结在了一起，让当下的阅读变成生命中的一部分。

中心书城从最初朦胧的一句“这里不仅仅有书”，到商业规划时的“体验式书城”，再到实际营运中的“城市文化中心”，不局限于书籍本身的想象，为这里带来了生机与活力，也让书与读者都能在这里找到安然栖身的庇护所。当书大规模进入公共空间，成为这个时代重要的现象，在书业新一代的复兴浪潮中，何处是中心书城在“市场性”与“公共性”中该定位的平衡点，我们又该如何到达，成为这个文化码头的主命题。

“如果以书作为比喻的话，书在所有的空间进行着一场伟大的虚构，通过书虚构的空间给我们带来新的力量。”怀着对书的敬意，人们创造了中心书城这座文化码头，它接收与送走每个阅读个体，帮助他们度过生命的同时，也需要在时代的汪洋中，让自己得以自渡。

6

深交所：一栋摩天大楼里的深圳

图 | 苏定邦

普通的深圳，普通的深交所大厦

电影《2001 太空漫游》中有一块贯穿始终的黑色方碑，无论是在史前猿人拎起骨头攻击同伴的启灵时刻，还是在未来新新人类驾驶飞船穿越不同空间维度的宇宙纪元，这块方形石碑永远伫立在泥土或太空之中，纹丝不动。当我行驶在深南大道上，远远从福田中心区鳞次栉比的大厦楼群里辨认出深圳证券交易所新总部大厦（简称深交所大厦）“十”字形的轮廓，以及站定在大厦底层，仰头注视着通体黑色的塔楼主体时，想到的也是电影里那块方碑。

斯坦利·库布里克（Stanley Kubrick）隐晦地指示我们，如果宇宙之中有智慧、有真理、有佛陀的顿悟，这些东西就在那块黑色方碑之中。城市与建筑也是如此。如果由钢铁、水泥、石头、草皮、花木搭建生长出来的现代城邦还有意义，意义就藏在建筑之中。人们靠建筑来辨别城市的性格，要么是历史古都——故宫博物馆的北京、伦敦桥的伦敦、圣母百花大教堂的佛罗伦萨，要么是新兴的现代大都会——帝国大厦的纽约、双子塔的吉隆坡、101 大楼的台北。如果两头不沾，在分类学上只好居于中庸的位置。

深圳可能是另外一种情况。它曾被称作“文化沙漠”，这个说法未必公允，但 1978 年之前的历史在深圳的自我叙述中并未发挥足够分量的影响，因此当然需要高耸入云的摩天大楼来构建城市的“身份认同”。地王大厦、京基 100 一度都能满足这种需要，但属于它们的荣光时刻也很快消失，并非是因为被更高的平安金融大厦超越了（深圳甚至没赶上摩天大楼疯狂比赛高度的年代），而是当建筑群密集到一定程度时，它们也就成了城市的实体与新书写的历史，同时塑造出深圳的性格。

谈论深圳的时候，不应忘记它首先是政策的实验对象，承载着 20 世纪八九十年代中国对市场经济的恐惧（姓资还是姓社？）与愿景。这座城市被设计为不知满足的巨兽，需要在转瞬之间，吞噬掉海量的奇迹来完成自身的成长。独栋的摩天大楼毫无意义，处于历史进程中的深圳并不需要象征主义的产物，它渴望的是能够承载人员的流动和生生

位于福田中心区的深交所，在 CBD 的高楼集群里，依然以高耸的“十字形”
轮廓告示出它的独特存在 / 资料来源：OMA，Philippe Ruault 摄

不息的贸易活动的空间。换言之，实用性才是深圳在立市前 30 年孜孜以求的。至今仍然伫立在蛇口的经典口号——“时间就是金钱，效率就是生命”很直白地表达了深圳的城市精神及其紧迫的任务：创造财富。

1990 年春天，深交所的筹备工作已经完成，但迟迟未获人民银行的开业批准，在一片胶着中，以特区的试验权强行打开通路。于是才能理解，为什么直到 2006 年，开业 16 年的深交所才公开招标，决定建立一座总部大楼。在这之前，深交所先是隅居在国贸大厦 3 层的一个仓库里，后来搬迁到深业中心大厦，两者都不是自有物业。在租赁来的办公室里，深交所开辟了中小企业板和创业板，为超过 1500 所公司挂牌上市。这种彻底的实用主义哲学，既是深圳的底色，也是深交所得以创立的原因。

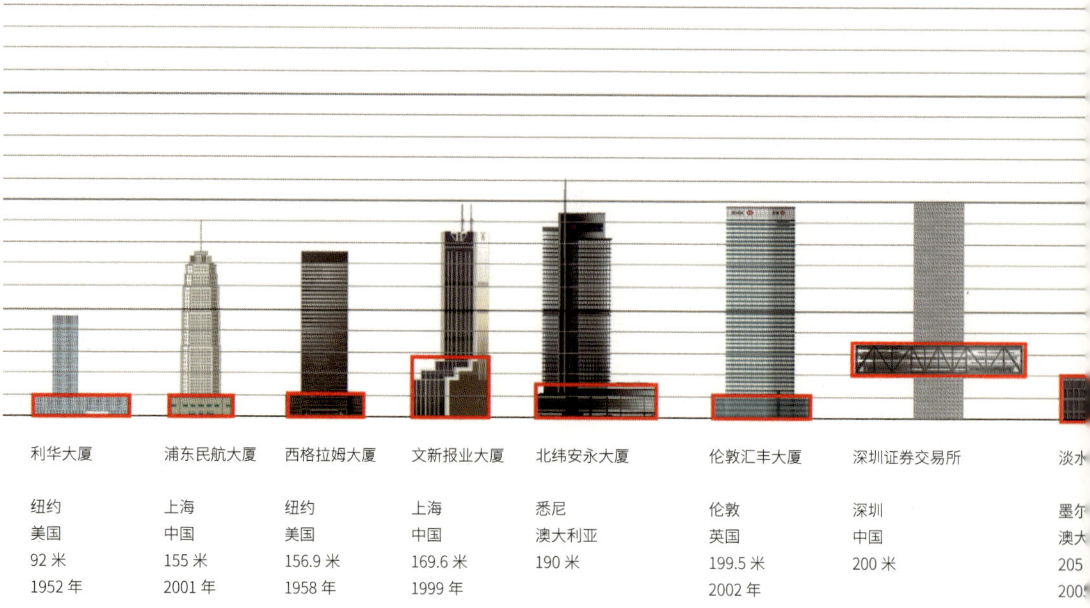

新的深交所大厦延续了这套实用哲学，它乍看之下如此“普通”。虽然从图纸上看，将大楼的基座提升 36 米变作空中平台的创举十分醒目，但在实际的观察体验中，如果角度不够好，裙楼会被周围的绿篱和建筑遮挡住，视野里仅剩下深色的塔楼，很难跟其他摩天大楼区别开来。如果站在大楼底下抬头仰望，只能惊叹于它超乎寻常的大，此外并没有太多特征，不会给你带来太多的震撼。

深交所大楼收敛起了大型建筑向来着重渲染的威慑力——从埃及金字塔、罗马万神殿到现代美式摩天大楼，伟大建筑总是一种实体化的权力——反而以低调的姿态立于市中心。由磨砂压花玻璃（而非更为耀眼的玻璃幕墙）构成的大楼外立面，在远处看有如沉重的黑色石板，靠近时才注意到玻璃材质带来的朦胧灰度，中性的色彩选择甚至赋予了大楼“隐形”的功能，使其融合在摩天大楼的河流之中。

这座大厦没有那么瞩目，可以想见，它不会成为地标，不会被印在深圳的导览手册上。如果联想起雷姆·库哈斯（Rem Koolhaas）的另一项作品——CCTV 新大楼曾经

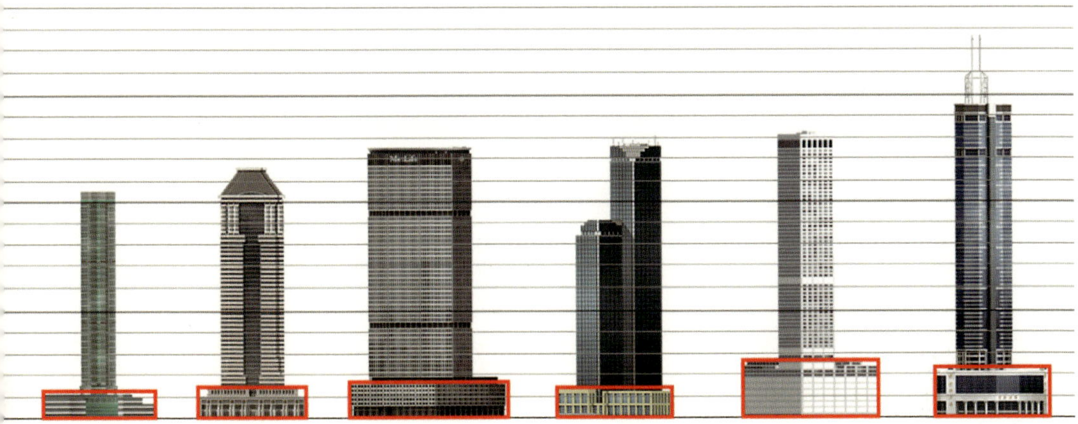

御峰	华尔街 60 号	大都会保险公司大厦	丽奥图大厦	水塔大厦广场	赛格广场
香港	纽约	纽约	墨尔本	芝加哥	深圳
中国	美国	美国	澳大利亚	美国	中国
206 米	227.1 米	246.4 米	251.4 米	261.8 米	291.6 米
2001 年	1989 年	1963 年	1986 年	1976 年	2000 年

资料来源 — OMA

在中国和海外媒体掀起的波澜，深交所甚至有点令人失望。为什么那个总是颠覆业界的建筑师，在这座明显具有实验性质的城市，反而选择了相对保守的策略？

在库哈斯的自述里，他设法将建筑从都市的过去中拯救下来。城市的历史、文脉和留存下来的建筑，构成了城市的性格，也是其可识别性的来源。越是古老的城市，它的可识别性越强，对建筑也有着越多的束缚。这样的城市正在走向疲惫，现代化带来的是趋同的、不具地方属性的建筑：购物中心、银行、机场、停车库、环城公路。这些毫无地方性标识的新生建筑冲击着古老的城区和历史遗迹，新旧两种价值纠缠不清。

古典城市常常要在自身的可识别性与膨胀式发展之间作出平衡，北京拆除掉的旧城墙，至今仍周期性地引起公众舆论的沸腾。而深圳这方面的烦恼要少得多，这座新生城市虽然也有南头古城、大鹏所城、赤湾天后宫这样的建筑遗迹，可以将深圳的历史追溯到明清乃至更前，但在 1980 年设立特区之初，它的整体城市躯体显然是未发育的，是待规划的。

深交所大楼前风格奇诡的雕塑，给这座原本只具经济功能的建筑增添了一种工业朋克的怪异混合感 / 邓世杰 摄

深圳的命运，很像 19 世纪的芝加哥。1871 年芝加哥市中心区被大火焚烧一空，路易斯·沙利文（Louis Sullivan）和他的建筑师同侪在这片废墟上尝试树立起钢结构和玻璃幕墙构成的摩天大楼。150 年过去，直到现在，全世界都还在模仿芝加哥学派的这项发明，但最为接近芝加哥本身的还是深圳，它没有历史的负担，不必考虑城市的文脉，只需要填满规划好的方格，在垂直方向不断地进行自我复制。这也是今天深圳城市风貌的逻辑起点。所以当深圳在拆除城中村以建造购物中心和高级住宅区时，也没有对这些城市里的边缘和草根社区表现出太多同情。

毋庸置疑，今天福田中心区（乃至整个深圳）的摩天大楼，放在世界上任何一座已经从现代化起步的城市，都不会显得突兀。从高处观看上海陆家嘴，与观看深圳金融中心区，观感是截然不同的。前者有明显的地标意识，不乏争奇斗艳的建筑；后者则在整体上构成了平衡，视觉上没有任何“抢眼”的地块。正是深圳有意为之的实用主义的“无特色”，才恰好符合库哈斯所畅想的“普适城市”的理想形态。库哈斯将城市的个性比喻为捕鼠夹，越来越多的城市要寻找自己的特色以与其他城市区分开来，这一现象就像众多老鼠分享着同一个诱饵，最终它们都将被囚禁起来。

单个建筑的可识别性不再重要，建筑与城市的界限趋于模糊。拥挤的摩天大楼的肌体之和构成了城市，而城市本身亦将成为一栋建筑。这是深交所大楼所置身的深圳的语境，也是库哈斯对建筑功能的理解至臻圆熟之后，对深交所大楼上的定义。深交所大楼以一种酷似 20 世纪现代主义的建筑（尤似纽约西格拉姆大厦）的形象出现在我们面前，让人不免想起路易斯·沙利文那句为几代建筑师传颂的准则：形式追随功能。

功能的悖论，
作为孤岛的摩天大楼

深交所大厦是可亲近的，它将自己的边界完全开放给你，这一点我绕着它的基座转了几圈后才意识到。摩天大楼是一种矛盾的发明，它们在垂直方向上生长，价值尺度完全取决于高度，谁能在城市的天际线上划出一道轮廓，谁就能获得更高的关注度，但在水平的维度上，它们严苛恪守着城市规划者留给自己的网格的界限。一方面极力地扩张膨胀，一方面保持谦逊克制，这两种逻辑交汇的结果，是大型建筑只留出一个大门沟通内与外。你可以在保安的注目下出入，但绕着大厦走一圈这样的事情极为罕见，对于土地的所有者来说，留下空白太过奢侈。

库哈斯的解决之道，是将裙楼拔高到 36 米空中，腾挪出来的空间，恰好在东西面形成两个大广场。在公开的建筑方案上看，东面是面向市民的城市广场，可以容纳节日的公众活动；西面则是证券交易所和租赁出去的办公室的员工活动的地方。值得一提的是，上升的裙楼正好成了这两个广场的天然遮阳顶，几乎可以说是骑楼的现代翻版。广东夏天气候炎热，骑楼制造出荫蔽的空间，使商业街区得以战胜季节，保持贸易繁荣（著名如广州的北京路）。深交所的这项设计继承了骑楼的友好和开放，它用巧妙的方式打破了建筑的边界，将实线改成虚线，解放出来的空间联结了建筑与城市。

以这样的视角观看深交所大厦，会发现没有理由再去批评它外形的美观与否。库哈斯对建筑的装饰性表达不以为然，他认为建筑如果有表达任何东西，也与功能性毫无关系。用禅宗的话语讲，库哈斯达到了“看山不是山，看水不是水”的境界，由于对建筑外形

库哈斯以“总建筑师”之名被深交所立碑纪念，名字后面括号“第 22 届普利兹克建筑奖获奖者”
资料来源：维基百科

的不看重，在别人看起来不可思议的造型，到了他这里反而是稀松平常的造物。在他的重要性程度排序上，功能是第一位的。库哈斯在与王澍的谈话中谈到：“设计 CCTV 是因为想找到一种新的建摩天大楼的方式，现在的摩天大楼在利用空间方面并不是很有效。”但讽刺的是，偏是由于建筑的形状，使得他在中国迅速成为名人（落成的 CCTV 新总部大楼被民间戏谑为“大裤衩”），遭遇了不被理解的尴尬境地。

库哈斯对深圳与中国的理解，可能比我们想象的还要深刻，在他身上没有欧洲知识分子惯有的对东方社会的偏见——一种潜在的文化上的帝国主义，把西方以外想象为没有历史的、落后的、野蛮的民族——相反，库哈斯在 20 世纪 90 年代就带着学生在珠三角一带做调研，并于 2002 年出版了煌煌 700 页的 *Great Leap Forward*。书中以不专业的影像记录了许多光怪陆离的城市现状，从东莞的“二奶村”到拥挤的广州火车站，为“大跃进”中的珠三角城市留下了忠实记录。

Great Leap Forward 把握到了中国当代政治的急剧转化和政策的特殊性、模糊性以及多变性，是珠三角之所以能发展的非建筑学原因。另一方面，他提醒我们建筑已经成为一种商品，珠三角的建筑是被史无前例的时间、速度和数量的压力所左右的，而不止是一种居住美学。作为中国改革开放的示范城市，在深圳发达的市场经济背后，也有着强大的政治推动力。

深交所大厦的落成是一项政治任务，这意味着它具备相当的象征性角色。漂浮的裙楼必须被解读为是“被驱动这个市场的投机乐观气氛所抬起”的，它在向城市播报、向公众宣告，这显然是有悖库哈斯一贯的理念的。库哈斯理想的“普适城市”是没有中心的，规划案的死亡与城市人口的流动消除了边缘与中心的二元对立，所以深交所大厦抬高的基座真实的意图在于，向公众开放权威建筑的边界。在群楼的平台上（大厦的第10层），还有着一个空中花园，在设计方案中这是底层公共广场的延伸。市民在公共广场活动，从东大门进入深交所，从观光电梯抵达交易层，再从电梯上到空中花园，从40米的高空眺望城市。

遗憾的是，深交所大厦并没有成为库哈斯想象中的样子，它成了一座自我封闭的孤独岛屿。市民无法从任何一个大门自由出入大楼（虽然可以提前一天预约陪同参观）。无论是交易层还是空中花园，除了少数工作人员，平常几乎看不见人的身影。以至于几年前库哈斯重回深圳的时候，还特意提到公共空间跟他最初的设想不一样，并没有被使用起来。这样的事情对库哈斯来说应该不算陌生，他在设计西雅图中央图书馆时，试图在内部安置给流浪汉提供救治服务的小单元，然而并没有成功。建筑可以联结城市，但建筑亦可封闭自身，纯粹的设计无法确定地通往一种功能，文化往往有着更顽固的力量。

然而单纯地批评业主忽略建筑师的意图也不尽公平，必须承认，哪怕深交所大厦开放进出，情况也不会得到改善。尽管库哈斯在设计上留出了两个荫蔽的公共广场，但仍未考虑过将人群聚集起来的原因。人们有什么理由去到证券交易所的大楼旁散步、玩耍和社交？正如雅各布斯在考虑街区公园时提到的，必须有工作、文化、住宅和商业方面的活动，才能培植出一个活跃的公共场所。深交所大厦比邻市政府大楼，正门前穿梭而

鲜少人到达的深交所 45 楼空中花园 / 资料来源：图虫创意

过的是贯通大半个深圳的深南大道，侧边倚靠着中心区的南北轴线，在规划中它就是金融区的中心枢纽。这恰恰是问题所在，除了工作（事实上计划中大部分应对外出租的楼层，实践中也只分配了少数几层楼作此用，这栋大厦以极为保守的姿态在运营着）产生的活动，这里与什么都不搭边。

在大都会城市，舍弃商业性而谈论公共性是毫无意义的。与深圳比邻的香港，大概是“拥塞文化”最好的范本，高度密集的、互相挤压、逼迫、杂交又共生的摩天大楼，共同构成了香港的极端城市形态。为了保障足够的公共空间和高效率的交通系统，多数大厦开放其底层和二层，并以无数的天桥和廊道互相串联，构成了“隐喻的威尼斯”。人群在各个建筑中穿行，为便利而生的公共空间恰好成了极佳的商业空间。与深交所大厦同样位于福田中心区的深圳书城，透过商业聚集了大批流动的人群，并延伸发展出了极好的公共性。从书城到“诗书礼乐”广场，自发的活动由早到晚络绎不绝。周末到书城广场听学生唱歌，已经成为非常标识性的“深圳”乐趣了。相较之下，深交所大厦广场的公共性尚未被激活，短期也看不见活跃的趋势。

深交所大厦抬升的裙楼，某种程度而言是建筑介入、改变城市的尝试。但显然，不同大楼之间能否相互联结，很难由单栋的摩天大楼决定，建筑一向必须在城市总体规划的框架之下游走。深交所广场自身所能激发的公共活力是有限的，大概是基于这一认识，在完成深交所的设计后，库哈斯带着荷兰大都会建筑事务所（OMA）的同僚，参加了“水晶岛”规划设计的竞赛，准备以“深圳之眼”贯通中轴线内外的建筑群，也将深交所大厦纳入一个更大的公共空间之中。

7

“十三姐妹楼”：实验中的CBD

位于福田中心区中轴线的西南侧的“十三姐妹楼”，是深圳最早的CBD（中央商务区）建筑群之一，十三栋写字楼因统一规划、风格相近，被人戏称为“十三姐妹楼”。

除了名字上的特色，空间上的“十三姐妹楼”也颇有些与众不同：远远望去，福田中心区林立的建筑几乎要斗破苍穹，外墙要么是黑的、要么是白的、要么是玻璃结构，带着科幻色彩的外观尽显现代感。但唯独“十三姐妹楼”这一片，建筑的高度不高，外墙有着石头的质感，略带棕黄，建筑风格属老纽约常用的艺术装饰风格，散发着浓郁的西方新古典气质——这一切，似乎在中心区有点不合时宜。

漫步在深圳的“曼哈顿”

亲身步入“十三姐妹楼”所在的街区，都让人不禁联想到美国纽约的曼哈顿。

通过电影《曼哈顿》里的镜头，我们得以窥见典型的曼哈顿街区：开放式的街道，几乎没有一堵围墙阻隔，转几个街角就能遇见街心公园；摩天大楼临街而建，底层是镂空的庭院，让人轻易绕过；车行道是单向的，马路狭窄，人流成为街上的主角。电影里的男女主角，就这样在街上闲逛，通行无阻，穿梭在公园与高楼之间，一路高谈文艺，接着萌生爱情。

拥有 5500 座摩天大楼和华尔街的曼哈顿，毫无疑问，是美国最繁华的经济中心。唯一难以衡量的是，在曼哈顿的街道和公园的行人里，到底产生了多少爱情故事呢？

闲逛总是令人着迷，正因为漫无目的，反而不经意间会有新的发现。

漫步在“十三姐妹楼”间，别有一番他处没有的体验。街道小且密集，交错着穿插在街区之中，形似一个九宫格，走完一小段，眼前总有转弯处。在深圳别的道路，尤其是城市主干道附近，车水马龙，哗哗而过的汽车，总是给人带来强烈的压迫感。但在这里，车道不宽，分割车道的护栏也普遍不高，汽车大多整齐地停放在道路两旁，悄无声息。偶尔驶过的汽车，也被刻意抬高的斑马线减缓了速度，于是看起来，便像是被驯服的钢铁烈马。地砖大多是深红色的，在阳光的反射下，显得很耀眼，照亮了视野。

“十三姐妹楼”中的街心公园，以其绿意盎然的形象，某个意义上成为寸金尺土的 CBD 中难得的“心理缓冲”空间 / 邓世杰 摄

最惹人注意的，是在 CBD 很少看见的街心公园。数量不算多的十三栋楼，竟也合围起东西两处街心公园。其中一处坐落在楼宇间的空地上，四周被马路缠绕着，路边停满被遗留的汽车。在这间隙的空间里，绿色的草地狭长地伸张开来，颇似在水泥地上铺了一张绿色的地毯，上面点缀着各种南国常见的热带植物，成了街道上一处别致的景观。

穿过二号路的木质地板，踏过“考古汽车坑”，步行数分钟，就到另一个街心公园。它也被马路包围起来，但稍带椭圆形的造型，宽敞的广场，使人的视野开阔了不少。高大的树木不多，供人休息的长椅有序地放置在圆周之上。坐上长椅，抬起头，能在高楼之间，侥幸地望见一块完整的蓝天白云。

福田 CBD 的中午，总是显得很安静。路上的行人很少，车流也不多，坐在街心公园里，在绿荫的遮蔽下，很自然就想打瞌睡。当然，毕竟是在街上，不能睡着，所以只能闭着眼睛遐想。无论是空间形态还是建筑风格，“十三姐妹楼”和曼哈顿都有颇多神似之处。深圳中心区的 CBD，为何也如此“曼哈顿”？

当我们回顾中心区的发展历史，就会发现，“十三姐妹楼”与曼哈顿的相似并非偶然，而是有着规划上的渊源。“十三姐妹楼”正是以曼哈顿为蓝本，在深圳中心区做的一次集中的 CBD 建筑风格实验。

CBD 是城市化高度发展带来的产物之一。1885 年，世界上第一幢摩天大楼芝加哥国内保险公司大楼落成，开启了人类商务办公时代。1923 年，芝加哥大学教授伯吉斯（Ernest W. Burgess）提出 CBD 概念，其中的关键词是："聚集""高楼""商务"。在此后，人类对 CBD 形成了这样的认知：紧凑的用地、高耸入云的大楼、繁忙的汽车鸣笛声、来去匆匆的人……

在商业的逻辑下，身处 CBD 的建筑，总是忍不住向天际拔高。深圳的高楼曾经创造过很多记录：地王大厦在 1996 年建成时，以 383 米的高度成为亚洲第一高楼；而随后崛起的平安大厦，则以 592 米刷新记录，直接突破了深圳人对高楼原有的想象；想象的空间总是不断进步的，就像在罗湖区蔡屋围，未来也许将矗立起一座 666 米高的摩天大楼。

但在当时，中心区仍是一片新生土地。在"十三姐妹楼"规划完成之前，那个时代的人们很难想象到，在一片空白之中建立的 CBD，会是怎样的，一切都还在摸索当中。

“十三姐妹楼”建筑群对曼哈顿的模仿不仅仅是存在于高楼密布的天际线上，地面空间对建筑退线的控制，造成了左图的仿骑楼式人行空间，某程度上都可以看作是曼哈顿经验。当然此类经验也被不少现代大都市的商业集中区大量实践过 / 邓世杰 摄

一张白纸上的规划

时间回到 1998 年，当时离深圳提出福田中心区的构想已经过去了十余年，中心区正如火如荼地建设着。70 米高的市民广场已经用气球模拟过尺寸，准备动工，但地面还是一片黄土。刚兴建好的儿童医院、投资大厦，仍孤零零地矗立着。唯一人气稍旺的，是岗厦旧村。那个时候，许多尚未建设的用地也和市民中心一样，还都是空地、菜地。

李明 / 资料来源：李明

刚刚南下，从北京来到深圳的年轻规划师李明，坐在中心区建设开发办公室里，望着一张图纸，上面划定的 22,23-1 街坊，也就是现在“十三姐妹楼”所处的地块，仍是一片空白，他犯愁了。街坊里有五六个地块已经出让，趁着整个中心区都在大兴土木的当口，开发商也想着赶紧建楼，已经向中心办报批了建筑方案。但李明看着这些方案，始终觉得，“感觉不对”。

问题出在了哪里？报批上来的建筑方案，形状既有方的，也有圆的，还有斜的。单个建筑拿出来看，都能成为惹人瞩目的地标性建筑。但放在一起，却显得非常凌乱，相互之间也缺乏呼应，难成一体，与周边地区也未产生联系。1+1 在这里，变成了小于 2。

街景水彩图，SOM 通过街坊设计，让建筑回归街道

学建筑出身的李明知道，建筑的个性，十分重要，每座建筑都应生来独特。翻开一张建筑师的设计图纸，你可以看到一个雄伟建筑的雏形，为争夺更多的目光注视，上面有各种天马行空式的幻想和创举。但铺开城市规划师的图纸去看，上面画的会是一片街区，甚至是整个城市的地图，规划师思考的，是如何使这些土地相互呼应，让彼此紧密相连为整体。

身份转化为中心区规划师的李明，视角也随之转换。他不能只看到一个建筑，他需要看到的更多：建筑组合排列的各种可能，对周边环境，甚至整个城市，都有着深远的影响——换而言之，决定着城市的秩序。尤其对于深圳这座年轻的城市而言，建筑不该是孤立机械般存在，在一张白纸之上，城市应该具备更多的可能性。

如果说建筑师更多将注意力放在建筑的美感本身，那么规划师则该聚焦于城市的使用者身上。观看建筑需要一个宏大的视角，去俯瞰、仰望、远眺。但使用城市，只需要人用自己的身体尺寸去经历，去感受，去体验，然后得出舒适与否的结论。从这个意义上来说，再多标志性的建筑，对大多数城市的使用者而言，也没有一个舒适、和谐、充满活力的街区重要。

资料来源：李明，原载于 SOM 于 1998 年提供给深圳市规划国土局的《深圳市中心城市规划设计指南》

舒适的街区不会在一片水泥森林中野蛮地生长出来，而是要依靠精准明确的设计思想。但当时在国内，用城市设计来指导城市规划，可借鉴的经验并不多。因此，中心区建设开发办公室转向和“外来的和尚”取经，最后决定把“十三姐妹楼”的设计，交给美国一家老牌的建筑设计事务所——SOM（Skidmore, Owings & Merrill LLP）。

SOM 事务所的人来深圳的街道上，逛一圈后，果然发现了不少城市设计上的问题。其中最为典型的，是他们用相机拍下的这么一张照片：在深圳宽敞的人行道上，因为附近都没有开放的空间可以停驻，一个路人只能随意地靠坐在一个石头上休息。从这个细节出发，SOM 一针见血地指出，对于城市使用者来说，公共空间的品质十分重要，特别在 CBD 人流如此密集的地段，更是如此。

受到时代背景的影响，在以往的城市规划中，我们总是在追求“大马路”“大建筑”，追求经济的最大效率，但人对日常空间的需求，却被放在了第二位。规划者很少会顾及到，在上班的地方，也需要一个供人休息的公园，或者干脆为了满足“绿化指标”，减低运营成本，就设置一大片可远观但不可进入的“绿色景观”，用雪糕筒围起，写上——请勿践踏。

布莱恩特公园，是曼哈顿市中心重要的公共景观，也是城市公园复兴的终极范例 / 资料来源：Andrew F. Kazmierski（Shutterstock.com）

有这么一种生活经验：人对高度，总有种直观而矛盾的感受。一方面，我们惊讶于摩天大楼带来的视觉震撼，为之倾倒；但另一方面，我们面对庞然大物，又心存戚戚。划破天际的 CBD，总是容易让人联想到福柯所描绘的“圆形监狱”：向上凝视，高层之上仿佛存在着一对监视之眼，在这双眼睛的注视之下，人类显得渺小而压抑。

让我们放弃仰视，回到地面吧！充满活力的街道和开放的公园，可能是 CBD 里为数不多的飞地——可以逃离冷气、电话铃声和喋喋不休的会议，短暂地沐浴阳光和新鲜空气。

因此，街道和公园之类的公共空间之于人而言，不仅是物理上的舒适区，也是心理上的舒适区。在 SOM 看来，CBD 不应该只由马路和高楼构成，也需要一个公园。它除了能供上班族休憩，甚至还能在更大程度上丰富 CBD 的人群，对整个城市产生一种奇妙的化学反应，增加城市的公共性。

我们回过头来看，“曼哈顿模式”的典范之处，也正在于他们对公共空间的塑造。

直到今天，曼哈顿依旧是整个美国地价最昂贵的地段，在空间的利用上，一直十分紧凑。但紧凑并没有使公共空间纵然消失。除了世界最大人造景观的纽约中央公园，在曼哈顿 CBD 的高楼之间，也见缝插针地安置了一些小的街心公园，闻名纽约的布莱恩特公园就是一例。

布莱恩特公园夹杂在高楼之间，背靠着纽约市图书馆，是“一堵墙背后的公园”。说是公园，其实就是一块四四方方的大草坪。但正是这样一个大草坪，却成了整个曼哈顿最为怡人、最有活力的地方之一。

每当中午时分，开放的布莱恩特公园都会聚集大量人流，周边的上班族带着食物，晒着日光浴，坐在郁郁葱葱的草地上，尽情野餐。而到了周末，这里也不会被遗忘，人们会举办各种各样的公共活动，如音乐会、电影会、公共艺术表演等，活力不减。2012 年曾有一项数据显示，因为布莱恩特公园对办公族的吸引力，那里的办公楼出租率达到 95%，租金比附近的街区高出 63%。

布莱恩特公园的成功告诉我们，比起自然的生态公园，在 CBD 里的公园有着更为天然的活跃力——CBD 的密集人流和四通八达的交通，使得公园更容易聚集来自城市各处的人气；附近林立的商业设施与写字楼，街区功能的复用，也给公园吸引来更多的人流，亦因此具备了更多公共可能性——野餐、音乐会、公共艺术，就像一环扣一环，连锁迸发出的化学反应。有人，公园就有无限的遐想和使用，由此重新塑造了城市的空间秩序。

在曼哈顿的摩天大楼之下，也设置了许多细微的公共空间。利华大厦是世界上第一座玻璃幕墙高层建筑，气势恢宏。但在裙房底层，却做了一个镂空的庭院，布置了绿植与座椅，方便行人步行和休息。如此一来，一个本来密封的空间，摇身一变，成为街道空间与办公空间一处宜人的过道。步行在此，绝不会觉得受到摩天大楼的排斥。

对日常空间的重视，一点一滴拼凑出来的各具特色的公共空间，使得曼哈顿除了美国经济中心这一面外，也拥有更多的开放性和多面性，成为世人心神往之的胜地。

而这一点，也成了当时正要诞生的“十三姐妹楼”所追寻的目标。

被“改造”后的二号路，成为“十三姐妹楼”建筑群中的一条步行街。这一改造是“后发”的，等于深圳的建筑设计师从已建成的空间中重新争取、开辟出属于行人的路权 / 邓世杰 摄

街道的建造与复兴

当李明拿到 SOM 提交的方案时，他只有一个感觉——豁然开朗。甚至不需要任何的讲解，一切都简洁明了、融为一体、不言自明——“感觉对了，就是它”。

如何在深圳建造一个“曼哈顿”？在 22, 23-1 街坊的原来规划，并没有预留我们现在所见到的街心公园，正如许多的 CBD 一样，土地都是被建筑塞得满满当当。与此同时，建筑的退线也没有统一的规划，许多开发商计划在建筑的空余用地上围起小广场或停车场。但因为零散，这些边角空间能发挥的功能微乎其微，实属城市的消极空间，公共空间反而无处生根。

在 SOM 的方案里，李明第一次发现，城市设计可以重新塑造城市的风貌：过去的用地，都是开发商各自为政，划地而治，自行兴建，规划师似乎无能为力。但 SOM 却颠覆了“建筑先行”的惯例，对整个街坊做一个整体的设计，在不改变每个地块的开发强度之下，大刀阔斧地重新划分地块大小，把零散的土地收集起来，整合使用。虽然每块用地面积只缩小了 15%，却挤出两个街心公园的空间，这直接改变了后来整个 CBD 的景观，甚至是土地的开发价值。这样一个设计，正好切合了特兰西克（Roger Trancik）对消极空间提出的改造性批判：“街道（包括公园）应当成为一个空间的实体，而不是建筑完成之后的剩余空间。”

“十三姐妹楼”俯瞰水彩图，建筑之间的和谐构成了此地的亲和特质
资料来源：李明，原载于 SOM 于 1998 年提供给深圳市规划国土局的《深圳市中心城市规划设计指南》

而为了建筑群的整体和谐，SOM 还制定三条建筑准则来约束建筑师：一、建筑面向公园和步行街一侧，都需要贴近边线保证街墙的整齐，并在底层提供带有岭南特色的骑楼，为行人遮阳挡雨；二、建筑在三层、40 米和总高度 80% 处必须做 1 米以上的后退处理，减少给街道和公园带来的压抑感；三、为避免玻璃幕墙带来的光污染，每栋建筑的窗户面积不能超过墙面比例的 70%。这些准则，在后来的建造中，都被严格地执行，为的是处处方便步行的体验。

二号路是连接两个街心公园的一条次干道，在 SOM 的设计中，这是一条骑楼步行街，不设大型商场，而是专开特色餐馆、咖啡馆及俱乐部，供人就餐时享受宜人的气候、欣赏缤纷的街景及绿化景观。这个设计颇有点像阿兰·雅各布斯（Allan B. Jacobs）曾描绘的完美街道：“飘落的树叶、亮起的招牌、从树荫中倾泻而下的阳光、街道上行走的人们、慢速行驶的汽车、在建筑外表游走的光线……你可以站在某个地方，也可以坐下来欣赏街头的一幕幕场景。”

20 年后，当李明重新反思中心区规划时，纵使他对当时的许多规划重新提出了意见，但对“十三姐妹楼”，他仍然给予正面的评价：“SOM 街坊城市设计延续了传统城市的规划理念，重视街道的塑造，使得建筑回归街道，成为街道的重要组成部分。”“十三姐妹楼”的骑楼、街心公园、连廊系统等元素，也一直延续至后来中心区 CBD 街坊的设计中。

但在“十三姐妹楼”后来的建造和使用当中，因为设计与运营的落差，也留下了一些遗憾，比如街心公园的运营维护不足，导致功能单一，难以聚集人流。而更令人惋惜的是，因为种种原因，二号路并没有建造成一条步行街，而是变成了一条狭长的绿化带。这里因为与周边的建筑高差明显，步行体验一般，人迹罕至，车辆停满了整一条街，绿化带又变成了一个露天停车场，失去原来设想的光彩。

可幸的是，在年轻的深圳，仍然有一群城市观察者，他们并没有忘掉 SOM“未完成”的规划，一直打算重现步行街的设计，焕发被尘封的二号路。2014 年，联合国科教文组织创意设计新锐奖在深圳颁奖，许多优秀、具有创造力的年轻创意设计师都来到了深圳。和李明一样，曾是中心区建设开发办公室一员的黄伟文，也一直心系着“十三姐妹楼”原有的规划理想。在机缘巧合之下，他在深圳市公共艺术中心集聚了一群设计师，提出以创意工作坊的形式，复兴二号路。

工作坊定了三个原则：解决问题、少折腾不破坏、趣味性，试图用小创意带来大改变。从影响步行体验的角度来看，要解决的是高差问题，保证街道与建筑可以连成一体。因此设计师们提出，用木板架高人行道的高度，避免大的道路改造。同时在木板之下，还挖出了几个“汽车考古坑”，坑里埋葬的，都是设计师们收购回来的废弃生锈汽车——这是一种很“恶趣味”的反讽，为的是警醒把这里当停车场的人——“小心你们的汽车”。设计师们形形色色的创意，包括贯通整条街道、能供人坐下休息的长桌（大概有80米长），移动的车载服务设施（设想中有移动的寿司店），靠人骑单车来发动的遮阴“云”装置等，都在尽可能增加街道的趣味，让人得以驻步。

当创意改造了二号路，我们可以看到的，是街道另一种公共用途——除了用于交通，它本身可以成为内容的载体，成为艺术的展览所。艺术改变城市景观，这是另一种城市里的特有体验：人在街道中漫步，四处张望，看到“汽车考古坑”，看到各种各样的艺术创意作品，或许也能若有所得。

“自下而上”的街道复兴，和20年前的“自上而下”的规划遥相呼应，指向的都是街道的活力。回过头来看，正是有着明确的设计思想，才诞生了中心区里如此独特的“十三姐妹楼”——这个名字，本身就反映了一些特质：建筑之间的和谐，整体高度不超过200米，没有哪个建筑是突兀存在，不似是“亲生”的，这保证了空中轮廓的完美与开阔；街道之间也更具有连续性，如姐妹般相连，有着清晰的联系；作为城市的

CBD，它不是目的性的存在，而是值得闲逛，具有亲和力的街坊。

一座城市的CBD，自然应是金钱、资本快速流通的热土，但SOM的设计思想却指出另外一种想象，那就是CBD里的街道，同样也可以适宜人的逗留，是与整个城市紧密相连的一部分，面向所有的城市使用者。你可能想去COCO Park，但当你穿过这儿，你也可以流连于此。最理想的城市，是每一个开放的角落，都值得漫步。

从某种意义上而言，深圳的第一次CBD建筑群实验，是规划师战胜了建筑师。建筑的语言总是个性的，充满哲学想象。规划的语言则是务实的，带着功利色彩。两者时有冲突。曾有人批评，“十三姐妹楼”的规划太缺乏弹性，使建筑失去个性。这些批评不无道理。从外表上看，对比城中的其他摩天大楼，“十三姐妹楼”确实少了一丝亮眼。

但我们应该承认，除了彰显个性，建筑的本身，也是城市共生的一部分，也是因为人而存在。而规划所发挥的意义，正是让人适合生活在城市之中。简·雅各布斯曾言：“多样性是城市的天性。无论城市是什么样的，都与一个事实有关：即城市拥有众多人口，人们的兴趣、品位、需求、感觉和偏好五花八门、千姿百态。”从这个角度而言，规划是理应指导建筑的，这只是一次回归，回到城市的本义——人的集居地，而不是建筑的展览馆。

在这个影像发达的时代，城市总是容易沦为一种景观，从空中俯瞰，如模型般容纳了千姿百态、激动人心的建筑。不可否认，在这种观看中，会有一种审美上的乐趣。但与此同时，我们不妨拨开建筑本身形成的屏障，短暂地成为城市里的“漫步者”，去感受街道的肌理和质感，去发现整个城市内部的互相牵连。唯独如此，我们才算真正拥有了整座城市。

走近碰触两馆的一家人 / 邓世杰 摄

在图书馆东侧休憩 / 邓世杰 摄

在市民中心野餐 / 邓世杰 摄

在“绿色的云”游玩 / 邓世杰 摄

深交所楼下正在训练的保安 / 邓世杰 摄

POLICE

8

“水晶岛”：未完成的“深圳之眼”

跨越 20 年的 规划想象

全长 25.6 千米的深南大道由东向西穿越了罗湖区、福田区、南山区 3 个深圳主城区。大道两旁高低不等的建筑依次连成了一片走势蜿蜒的“城市峡谷”景观。当你乘车行进到最为中心的“枢纽”位置——也就是深南大道与深圳中轴线十字交汇的那一点上，这个本来有点狭窄的城市峡谷会一下子展现出最为开阔的地面视野。

这是漫长的深南大道上最为“奢侈”的一个尺度：双向十车道的设置，在平面上拉伸出一个可以一览蓝天白云的视野，在跨度上也形成了某种类似北京长安大街的权力感——也许这是一种对现代城市最为常见的“气魄”要求。处在这个交汇点上往北注目，是形态飞扬的市民中心，坐靠在紧随其后的莲花山下；向南观望，则有葱葱郁郁的中心绿地，隐约冒出会展中心的灰白色屋顶。

在这样的视野里畅怀舒目，的确会让你有一种来到深圳最“中心”的感觉——按照深圳政府的设想，这里还真是设置“零公里”标识的深圳原点。

而在这个中心上，有一个由行车道围合成的椭圆形空地。当你从高空俯瞰这块空地，会发觉其形状神似一颗眼睛，此时上下两向、日夜不息的车流恰恰成了它的眼睑。

如果把这仅仅理解成分隔车道的一个景观空地也无不可，毕竟穿行其中的车流从未在意它背后有着什么涵义，对于行人来说，它更是那种无法到达的“步行禁区”。已经很少人会知道，这其实是深圳中轴线规划上预留出的“最后”一块空地，而且这一空置就是整整的 20 年。

深圳的城市中轴线存在一个“分段拼接”的实施过程：2006年，中轴线北段的中心书城由深圳发行集团投资建成，并与市民中心连成一体；2011年，北中轴跨红荔路人行天桥建成，莲花山与中轴线的融合也被打通；再到2014年，中轴线南段的空中景观平台及地面商业部分（包括怡景中心城及皇庭广场）相继落成——貌似想象中的一切都在各循其序地落地开花。但让规划师们最为遗憾的是，这条原本应该“一气呵成”的中轴线，至今没有被真正地使用贯通起来。

其中缺失的一块就是深南大道上这个椭圆形的眼睛。在规划师的理念中，这原本是可以驱动整个福田中心区活力的关键一环，就如同围棋盘上那个等待落子的“目”。

至于要在这个“目”上敲下怎样一步活棋，似乎却难倒了20年来的规划师和建筑设计师们。在1992年的福田中心区“五洲广场”规划设计方案招标上，这块空地原是作为“五洲广场”（如今的市民广场+“水晶岛”范围）的组成部分被纳入考虑的；1996年，这个被深南大道掰出来的、面积为3.1万平方米的空地第一次被正式命名为“水晶岛”，也就从此有了更为独立的规划意义。但当中轴线上的南北段都陆续完成之后，这个原应“画龙点睛”的“水晶岛”反倒成了被悬置的空白。

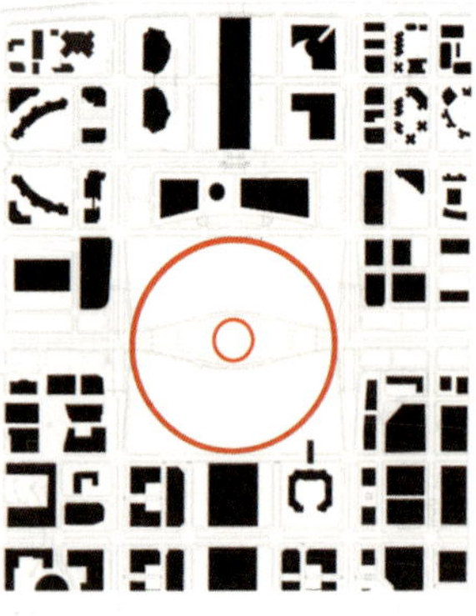

“深圳之眼”，“水晶岛”地点规划，由OMA+URBANUS都市实践设计
资料来源：都市实践

从1996年到2009年，“水晶岛”先后经历过几版重要的规划推演：

1996年，中心区城市设计国际咨询优选方案首先提出了“水晶岛”概念设计以及“深圳塔”的替补方案；

1998年，黑川纪章设计中轴线详规方案，依然保留了“水晶岛”

"水晶岛"设计效果图 / 资料来源：都市实践

的广场概念，甚至设想过把城市信息中心放在"水晶岛"，用先进的虚拟仿真技术为人们提供全方位的信息服务；

1999年，在"中心区城市设计及地下空间综合规划"国际咨询优选方案中，德国欧博迈亚工程设计公司（Obermeyer）提出了在"水晶岛"上方150米的高空，用轻巧钢结构架起一个"空中瞭望台"——这样既能成为深圳城市地标，又可瞭望全城乃至香港景观；

2009年，深圳市规划局召开"水晶岛"设计方案国际竞赛评审会，由荷兰大都会建筑事务所（OMA）和深圳都市实践设计有限公司（URBANUS）联合提交的"城市光环"方案获得评审委员会的一致嘉许，以绝对优势荣膺第一名。这个整体性的光环是一个囊括"水晶岛"和市民广场，南抵会展中心正面广场的"巨大圆环"——整个"圆环"离地面的高度大致相当于人行天桥的高度，而作为圆环的中心，"水晶岛"被设计为一个下沉的广场；"圆环"的内部和地下，则将集公园、游憩、地铁、轨道、铁路站以及人行商业等各种功能于一体。

这可能是"水晶岛"从图纸上距离现实最为接近的一次。但在2012年，深圳市领导要求深化"水晶岛"方案，这个方案就再次沉于规划部门的文件案头——似乎也没有人说得准什么时候会被再次"捞起"。

如今"水晶岛"周边的整体实况，仍如当年设计方案竞赛前调研出来的那样：一、可达性差，既与南北地块没有任何步行系统衔接，又被两侧的金田、益田两座高架桥隔断；二、尺度巨大，却没有任何"人性化"的内容来支撑这一体量的尺度，也就是从来没有任何城市居民会想过如何来"使用"这片空地；三、功能单一，周边仅有的CBD

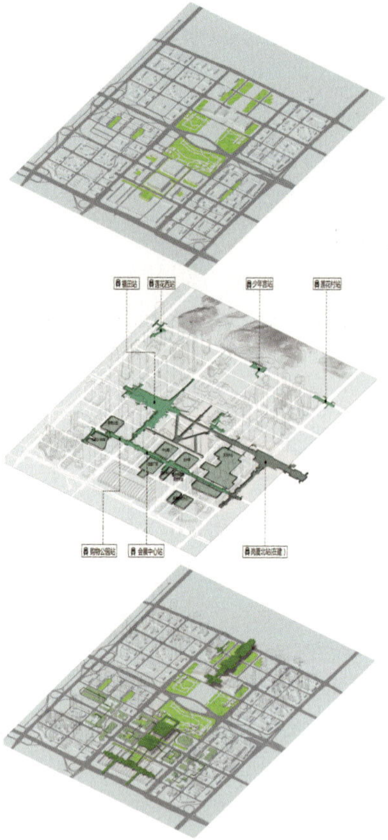

2017 年福田中心区空中连廊详细规划中的地面慢行层、地下慢行层以及立体活力区。该方案中，福田 CBD（中央商务区）将向“CAZ”（中央活力空间）转型，“CAZ”是“大伦敦空间发展战略”规划（2000—2004 年）提出的概念，核心是在 CBD 基础上增加更多产业类型、更高质量的公共空间和更长活动覆盖时间（非 CBD 的工作日 8 小时覆盖）
资料来源：深圳市规划国土发展研究中心

商务区提供的吸引力有限，一旦到了“人去楼空”的非工作时段，这个名字闪耀的“水晶岛”实际上会沉没于黑夜的“空城效应”。

于是一个关于“水晶岛”的悖论被这样呈现出来：被搁置了 20 年的规划想象，它越是承载了跃跃欲试的大胆，就越是停留在小心翼翼的谨慎里。

深圳地标：
上升，还是下沉

无论“水晶岛”的真正实施要经历怎样的审慎，但有一个共识是一直没有改变的：“水晶岛”要被建设成深圳的“地标”。

在一般人的想象里，传统的城市地标一般都是“向上长”的地面塔楼式建筑，远如巴黎的埃菲尔铁塔，近如广州的“小蛮腰”广州塔，都是遵循着同一种规划理念：在城市地平线上制造一个超拔的耸立建筑，为人们提供一种俯瞰城市的视角。

严格说来，深圳还没有这样一个公共建筑。当然，深圳从来不缺高楼，从20世纪80年代的国贸大厦，90年代的地王大厦，再到2000年后的京基100，这座城市的天际线不断被拔高，而这些摩天大楼也先后承担了上面所说的那种“俯瞰城市”的地标作用——国贸大厦的高度在今天也许不值一提了，但它顶楼的旋转餐厅，仍是感受这种传统趣味的好地方，散发着八九十年代的老派荣光。

值得注意的是，这些曾经或现在的“深圳地标”，无一例外都是商务楼宇；换言之，在这个经济极为活跃的都市，政府功能退位的地方，很自然就有市场角色补上了。

另一个“俯瞰城市”的传统选择，就是那些处于城市之中的自然山体了。当我们观察福田中心区，整个中轴线的北面起点——莲花山，同样能提供这种俯瞰的观临感。这种观临感之所以被都市人需要以及追求，很可能源自人类对“上帝之眼”的嗜好：能从整体上把握一座城市，也就拥有了一种超越个体有限性的体验。

于是追溯到最早的《深圳经济特区总体规划（1986—2000）》（即“86总规”）中，我们已经可以发现这种欲望的苗头：当时构想的深圳中轴线与深南大道交汇处是一个南北向的条形广场，并有一栋超高层建筑上跨于广场中央，再由其裙房的“四脚”紧紧地抓住地面。假设当年这个构想成立了，这栋超高层建筑在今天的深圳必然会有“万楼之王”的地位。

即便是在 1996 年和 1999 年的“水晶岛”规划方案里，我们也可以看到这种俯瞰的欲望，曾先后试图以“深圳塔”或空中瞭望台的形式在福田中心区冒起。无可否认的是，假如福田中心区耸立起一座超高层的深圳塔（或空中瞭望台），确实有巨大的地标作用。一方面，如同我们看到珠江边上的广州塔时总有一种“进入广州”的提示性，深圳塔这样的建筑确实会是“聚拢”城市感受力的焦点存在；另一方面，在深圳的中心区俯瞰城市，还能把这种视野的延展性伸入香港——这种窥视感是深圳自出生以来就难以拒绝的诱惑。

福田火车站与“深圳塔”的搭配，就像是京都站与京都塔的搭配：到达城市核心——然后登临城市制高点，似乎一切都顺理成章。

但这种方案不能成立的地方在于，深圳塔的“上升性”将会造成整个中轴线视野绵延的失衡，无论对莲花山、中心书城二楼平台或是市民中心，这种拔地而起的突兀，都是一种潜在的空间冲突。

于是“下沉式”的替代方案就出现了。

2009 年的“城市光环”，那种聚焦于一栋超高层建筑的设想消失了，改以“深圳之眼”的下沉空间来体现标志性。该方案的建筑面积超过 20 万平方米，其中地下商业面积就达到 13.5 万平方米，占比超过 67%，算是一个非常“深入地下”的方案。

也许很多市民都没意识到，今天的福田中心区，不知不觉中已经形成一个非常庞大的“地下世界”——当你从购物公园地铁站步出，经由连城新天地构成的地下商业空间，可以无缝走到会展中心站；而从福田站的地下空间一路前进，你也可以完全不出地面，直达市民广场。而这些都还只是福田中心区地下世界的“冰山一角”，更为大胆（并且正在变成现实）的是，福田中心区的各个轨道站点之间，正在连成一个“口”字型的地下环形步行系统。

地下空间极有可能变成一种后都市时代的街道生活模式。多伦多地下街道的发展已有百年历史，其命名为“PATH”（通道）的地下城最早由政府主导，到了 20 世纪 70 年代后则完全变为社会及市场行为。如今 PATH 的规模约为 50 万平方米，拥有 1200

多家商店，联系了 50 栋建筑、6 个大型酒店以及 20 个地下停车场——这个由地面建筑“伸入”地下，并避开地面车流成为独立步行系统的庞大地下城，成为多伦多市民极为重要的日常消费空间。与之形成鲜明对比的是，多伦多的地面街道生活，却常常显得断裂和不连续。

以至于我们可以认为，多伦多地下空间的连贯，拯救了它地面上正在丧失的街道生活。而这对于我们的福田中心区——对于那些被地面交通隔断的街道，“走向地下”这一选择，似乎有着无法抵挡的诱惑。

值得玩味的是，在很多经典的科幻电影中，大部分的未来城市图景都是高悬于地面之上的，其中经典如《第五元素》，仍是一种“高楼情结”的梦化演绎；而地下世界通常被想象成压抑的“次选方案”，《十二猴子》中人类移居地底，也只是发生在地面世界被致命病毒侵袭之后。

但当你置身现实中的大阪难波地区，你只会发现由大阪地铁、南海电铁、JR 线几条线路合围而成的地下空间，早已成为一个极其繁复的迷宫世界，而大阪市民可以极为娴熟地穿行在这个空间。那些高级商店的人造灯光，更是彻底偷走了白昼和黑夜的区别——感觉是当你在这个地下世界迷失了，它所能提供的 24 小时消费生活，足以给你制造出一种“城市永生”的幻觉。

事实上，现代都市人往往比我们想象中能更快接受这种未来感十足的“蚁穴”式生活。

所以“下沉”式的方案是否就是“水晶岛”的未来路径？“城市光环”方案中在地面之上其实还留有一个直径 600 米的环形天桥，它的主要作用是衔接深南大道南北两侧的二层步行系统，构成一个驻足观光天台，更多的功能实施，是要引导行人往地下延伸的——对比过往那些“深圳塔”式的想象，这已是一种极大的“下沉”与“回归”。

然而这个方案最终得到的仍是一句“暂不考虑高架环”的答复，这片土地的使用权直到 2017 年仍未出让。就好像一切又回到了 20 年间的原点：“水晶岛”的命运，依然扑朔迷离。

事实上“水晶岛”也有地下空间连接设计方案，只是无论是空中步道还是地下世界，仍然是要响应车辆先行的时代需求，把地面让给车辆
资料来源：都市实践

通向未来的“深圳之眼”

“城市光环”方案受到的批评也不少。

同济大学的庄宇教授认为这种环形建筑违背了步行最短距离的原则，大部分使用者不会像一个“在田径场上跑400米”的运动员那样环绕一圈——更直接的做法，应是设置空中或下沉的通道直接跨过深南大道。

盖尔建筑事务所在亚洲区的负责人克里斯蒂安·斯科沃巴克·维拉森（Kristian Skovbakke Villadsen）对“水晶岛”的空中连廊系统同样持保留意见。在他们看来，“城市光环”那样的庞然大物体现出来的标志性，其实是从平安大厦这种摩天大楼的视角出发的。它对于平面上的市民来说也会是一个景观，但那更接近于一种“被瞻仰”的景观。可能来看过一次，就不会再来了。

对于一直缺乏“街道活力”的深圳中轴线来说，这似乎是一个不能再犯的错误。

然而“城市光环”并不只是一个独立存在的标志物，它背后要支撑起的庞大计划，

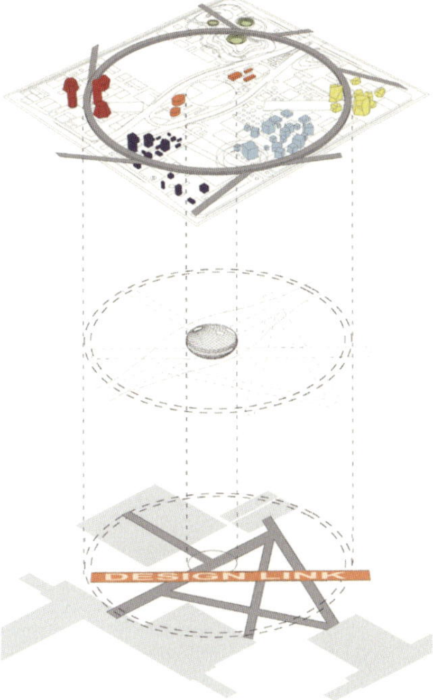

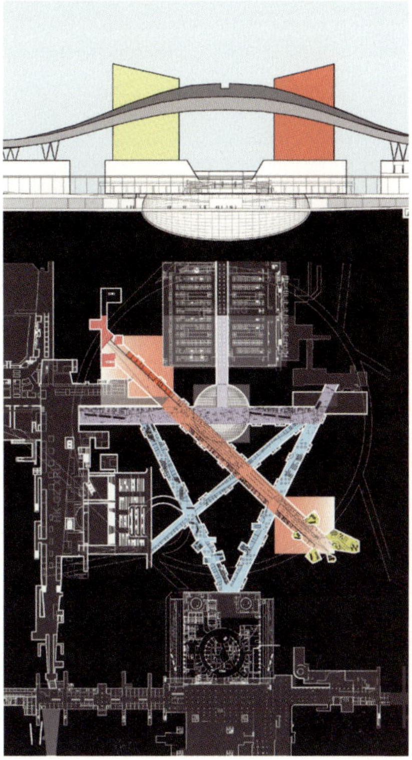

是在福田中心区构建一个“空中连廊体系”——目前中轴线北段的书城二层平台，以及南段商业空间的二层空中景观平台，都可以认为是这个体系“已实现”的部分。

这些已实现的部分又各有缺陷。书城二层平台抬升的高度过大，对地面的行人显得不够友好；中轴线南段的二层系统则更加封闭，譬如缺乏必要的指示以及电梯，地面上的行人通常找不到走上二层的通道；而二层系统向两边写字楼群伸入的“手臂”——那些空中走廊的尽头，大部分都被各自为政的写字楼锁上了通过的大门。城市光环要实现的目的，很可能就是要靠穿过、联系整个中心区的空中步行系统，向这些写字楼“重夺”失去的公共空间。

但如果仅仅是为了建造一个“联系性”的空中连廊，城市光环的体量又显得过于庞大甚至“奢侈”。深圳的近邻——香港，在空中连廊空间上有丰富的实践经验，但不同于深圳的是，香港的街道狭窄，街块较小，这些都是在立体维度上布置空中网络的有利条件，在此基础上，才会有持续的人流使用，并增加进入商厦的不同方式，从而刺激出复合楼层的商业价值——真正做到“再造街道”。

而“水晶岛”这种接近大街区（建筑间距远，道路难跨越）、低密度的现实情况，恐怕并不会因为多了一个大光环式的空中走廊，就多了一点“日常化”的街道生活。像香港大学建筑系副教授朱涛所提醒的那样，一旦缺乏地面系统的支持，孤立的空中连廊，也只会是一个失败的“空中花园”。

在《深圳福田中心区（CBD）城市规划建设三十年历史研究（1980—2010）》一书中，作为深圳市规划和国土资源委员会副总规划师的作者陈一新对“水晶岛”的规划保持着非常审慎的态度。她认为“水晶岛”代表着整个深圳中轴线规划最后一笔的“画龙点睛”。从公共利益出发，“水晶岛”之上的任何建筑都应是“临时性”的，产权应该永远归属政府。

更为重要的是，当“水晶岛”上的建筑架设起整条中轴线的脊梁，要往里面“填充”什么内容，更是从城市规划进一步走向城市运营的问题。在陈一新的设想中，福田区应有一个公共机构，专门负责中轴线二层步行系统的商业及文化运作——这里就包括很多可控的“流动商业”，而这不仅仅是为了提供配套那么简单。要让行人能以“慢行”的心态通过“水晶岛”，在每 15 分钟的心理舒适步行距离中，街道上应该出现足够的“节点”让市民驻足。否则“水晶岛”所能完成的步行，也只是通勤需求上的快速步行。

这种“快速”背后体现出来的正是整个福田中心区极为焦虑的城市肌理现状：快车道已是城市效率的直接隐喻，高大的商务写字楼则以时间计算着通过人群的“价值”，而地面上的购物中心式商业更是热衷于建造封闭性的消费空间。这些建筑形态的组合，很容易对进入这个空间的人流造成一种“寸土寸金”的心理暗示——这对城市规划所定义的“日常生活”有一种很隐秘的排斥效果：“如果来这不买点什么东西”，或者“如果我没有为它创造什么价值”，仿佛它就不欢迎我的到来。

“水晶岛”在未来的“介入”，到底是会配合、强化这种社会分层的暗示，还是说它“画龙点睛”的功效在于，会向更多市民提供进入中心区的理由：即使当下的一刻我与中心区没有任何“消费关系”，但它依然能让我毫无焦虑地，用眼睛去“拥有”丰富多变的城市街道生活？

而“水晶岛”这颗“深圳之眼”，到底是要变成一个形态显著的巨型地标，还是悄无声息地融于日常生活（其实这对设计性同样考究），这一切很可能取决于：这座城市将会“看向”怎样的未来生活。

9

“绿色的云”：隐秘的绿色心脏

袁艾家

图 | 邓世杰

进入：在深圳中心的荒野探险

对于很多深圳人而言，从宏观上理解深圳存在一条南北走向的“中轴线”并不是难事；但如果你是一个置身于中轴线上的步行者，很可能以为这条北起于中心书城平台，气度非凡的步行走廊，往南到了市民广场就算“断头”了——车流如注的深南大道由东向西隔断了步行者的前进欲望。

但这并非事实。

市民广场的东南角是市民中心地铁站的 F 出口，从这里下到地面以下，你会看到一个出口指示写着不明所指的“南广场”，连接着这个小出口的是一条略显灰暗的过街隧道，步行者只要花上三分钟穿隧而过，就会来到表面上“无路可达”的深南大道南侧。这么轻松，却又这么隐秘。

这个时候当你的视野再次抬升到地面以上，就会进入一块难得的“深圳秘境”——这片被称为“绿色的云”的城市绿地并没有被记载在任何的电子地图导航上，本身原是市民广场的绿化形态组成部分。某程度而言，它是深圳不为人知，却又名副其实的“中央公园”。

从高处俯瞰这块绿地，其实是一个接近四周方正的规整地块，占地面积约为 17.9 万平方米（市民广场南广场数据）。假设你的目光从福田中心区的高空掠过，肯定不会忽略掉这块郁郁葱葱的植被覆盖，就似群楼环伺的 CBD 中忽然涂抹了一块显眼的绿色颜料；然而当我们与这座城市同处一个水平面上，这个名字诗意的“绿色的云”又极为容易地被忽略在我们的感知之外，甚至不能排除，很多从未进入其中的市民，只会把它当成深南大道边上一条颇为怡人的“绿化带”。

这个尴尬很可能源自它与周遭环境的“失联”。如上所述，“绿色的云”北面是作为深圳车流动脉的深南大道，在快速经过的视野里，高大的乔木群只是作为一堵修饰行车风景的“生态墙”存在；而遥在深南大道另一侧的市民，他们所能享有的，也只是一种类似“隔河远观”的感受。

在荒野中窥探到的人迹 / 邓世杰 摄

就算紧密地围拢着“绿色的云”的有深圳最为密集的写字楼群，每日来去匆匆、以时间计算效率的商务人士似乎也不会对这块隐幽清静的小绿地投以什么关注；而对其他深圳公园使用频次最高的常态居住人口，无论他们是跑步的锻炼者，散步的老年人，或者借地谈心的情侣，也被隔绝在环绕的商务建筑群外——统统“消失”在我们这个真正的中央公园里。

于是当你来到“绿色的云”，并且从观感上第一次意识到其实它是一个小径通幽、野趣盎然的城市公园时，你就会有一种在深圳心脏找到一片“荒野丛林”的探险感。

在密如绿瀑的树叶中，首先褪去的是 CBD 式的焦躁野心。如果说福田中心区是用天际线勾勒出这座城市极为强大的经济机能，又在四通八达的纵横方格里输送着熙来攘

"绿色的云"每个角都有一个观"城市景"的平台，呈 45 度指向公园外的空间，如果说公园是"荒野探险"，平台外的景色则见证了福田区城市化的人类足迹 / 邓世杰 摄

往的资本机器，那藏纳其中的"绿色的云"倒像是在最中心的角落里保守了一处静悄的秘密——犹如最为喧嚣的空间里忽然出现了一个"真空"，人造的工业声响消匿了，只在大段大段的静谧里，偶然跳出几声鸟啼。

"绿色的云"在体验上有一种简洁冷清的日式园林野趣，而这野趣背后则是一份别有情致的匠心。

建于 2004 年的"绿色的云"规划出自株式会社日本设计公司（Nihon Sekkei, inc.）之手。在占地并不算大的一块土坡上，既有一条环状的石板路贯穿起整个公园的空间感，周回往返都有绵延不绝的绿意；而在那些自然隆起、高低错落的坡地之间，设计师又用一两条简单的木制栈道就势分割出上下两层步行路线，一望而尽的尺度被散落成小径分岔的交错感，大大增加了在公园漫步的立体感。

更可令人意会的是，"绿色的云"在设计上制造了一种巧妙的生态式"留白"：公园里有很多"野生"的坳沟，晴旱之时会露出底下的石滩，但当暴雨骤至，这些预留的小沟壑就会一下子变成蓄水的野塘，或者潺流的溪涧。再只需要一些阴翳的天气，就会有忽高忽低的蛙声从不可寻的乱草间涌出来。公园空间对气候变幻的自然调适，不着痕迹地成就出两种氛围的曲致野态。

可惜这种荒野探险的趣味很难与人分享。"绿色的云"大部分时候都称得上是人迹罕至，周末稍增的人气最多是在平静的渊潭上吹起了一股小气流；而如果你在工作日光临此园，很可能走了一圈之后发现跟随左右的还是自己，渺然如此，孤寂如此。

你也可能遇见一些散落四处的园林工人，他们大致可以提醒你此间仍未走出人造文明的畛域；又或者你会看到一两个略为迷茫的寻路人，在公园里的地图导向碑前寻思良久——你在想，这大概又是哪个迷糊的武陵人，忽然撞进了桃花源的大门。

当然了，如果说凭着迷糊就能撞见这片深居闹市、籍籍无名的"绿色的云"，何尝不是一种奇遇式的侥幸？

观看：当高楼成为“景观”时

把“绿色的云”理解成深圳的中央公园，应该说是有渊源的，它在世界上的其他城市也有着可以追溯的“前身”。

虽然人类文明很早就有了在居住环境中摹借自然景色的创造，但在“公园”这一事物出现之前，这种“观赏自然”的权限一直被垄断在皇家园林和私人园林当中。在中世纪的欧洲城市，承担市民公共活动中心性质的一般是位于市中心的教堂，到了18以及19世纪，美国新英格兰地区的殖民地城市陆续有了一些公共绿地性质的城市中心，另外还有100多座继承英国“自然风景园”风格的城市园林零星地遍布在美国各地——这些都是今天我们所能看到的城市公园的先声。

但在真正意义上作为公共设施出现的第一座城市公园，应该是建于19世纪的英国利物浦市伯肯海德公园，它的出现可以被认为是近代工业城市各种弊端的一次反思性探索。当时的利物浦正发展成为一个新兴的商业中心，急剧膨胀的人口，拔地而起的房屋，造就了一个过度拥挤的城市，不少居民开始迁徙到对岸的伯肯海德地区。为了不使伯肯海德重蹈利物浦的覆辙，议会授权市政府买地建园，历时4年后建成了向所有公众开放的伯肯海德公园。

作为现代城市造物的“公园”，刚在英国初试啼声，很快就传遍大西洋彼岸的美国，并且在规划界掀起了影响深远的“城市公园运动”。扛起这面大旗的是美国景观规划师弗雷德里克·劳·奥姆斯特德（Frederick Law Olmsted），1857年他与建筑师同伴卡尔弗特·沃克斯（Calvert Vaux）设计的“绿色草原”规划方案赢得了纽约当局的中央公园设计竞赛首奖。也正是这份方案，塑造了在往后150多年都大名鼎鼎的纽约中央公园。

值得一提的是，奥姆斯特德的公园规划思想，与19世纪中叶相当盛行的“反城市”思潮息息相关。当时集中爆发的工业化和城市化问题，让奥姆斯特德把“田园牧歌”式的乡村风光作为了城市弊病的对立解决方案。纽约中央公园就是一种把自然美景引入城市中心的“反叛”尝试，自此一个占地3.2平方千米、纵长4千米的巨大绿地就横踞在纽约最为繁华的曼哈顿心脏，但这种反叛又不能说是对城市的一味对抗。

虽然中央公园极为“奢侈”地在纽约核心划出了4千米长的绿线，但它的宽度实际上却仅有800米左右。之所以这样设计，是因为这800米两旁是两条平行于公园的市政大街。按照设计师的想法，这是要使处于公园之内任一点的游人，仍然可以快速进入城市。

正是这种奇妙的协调感，使得城市规划师们打开了在市中心创造“隔离式”公园的想象，循此思路去看，把“绿色的云”比拟成一个微缩版的纽约中央公园（“绿色的云”的大小仅仅约为1/18个纽约中央公园），就有了一种沿续同一城市规划脉络的合理性。纽约中央公园用高大的乔木带构筑出远离城市噪音的“心理保护区”，绿色的云在深圳最显赫的城市中轴线上也成了类似的存在。

不同于中央公园能够作为开敞式空间跻身“纽约地标”，“绿色的云”对于深圳的存在感实在太弱了。如果说中央公园之于曼哈顿本身就是城市肌理的一部分，甚至因为它对周边街道的参与性，塑造出一个巨大而整体的“公园式”街区，那么退守在深南大道边上，被周边商务楼群重重压抑着的“绿色的云”，并不具有那种向市民伸出绿色关怀的延展力。

如果说城市公园的诞生是源自那种在城市规划中再造自然风光的激进，那“绿色的云”反而成了一处精心培植的小盆栽。

某个意义上来说，深圳其实具有“公园之城”的特质。遍布全城的市民公园大多具有很强的社区性，也会作为一种公共生活品参与到市民的日常生活当中；而“绿色的云”正是失去了与周边住宅（或者商务区）的互动，因而丧失了广场式的公共性。

市民往往是以某种特定的使用目的进入公园的，这也是城市公园向市民“提供生活”的一种直白理解；当日常的使用目的无法明确，它应该转而寻求更广阔的参与人流。譬如东湖公园就因为水库这一地貌形成了景观上的独特性，因而它所能吸引的市民，并不局限于周边社区的常住人口——那“绿色的云”又会因为怎样的景观，才具有其他公园不可取代的观赏性？

高楼，或许是其中一种答案。

应该说这个答案最早就藏在公园设计师的脑海里。“绿色的云”地块上有四个角，每个角都设置了向外伸出的观景台，这种观景台的初衷并不像很多的传统园林那样，是为了伸向山崖或者水流这样的自然景观——繁华的福田中心区，也并没有这些东西。更直接地说，这种视野的伸向，就是为了观看四周的摩天大楼。

这可能是“绿色的云”对于城市公园传统营造思路的一种反动。如果说像纽约中央公园这样的规划是为了在城市环境中切割式地尽量模拟自然，以使游人在心理距离上足够远离城市，那“绿色的云”调皮的地方就在于，它恰恰要告诉你：城市本身是可以瞭望的景观，建筑正是文明的尝试。

福田中心区在规划上早有“双龙飞舞，城市谷地”的设想，排布在“谷地”两侧的飞龙，就是由摩天大楼起伏而成的天际线，而这片高楼景观本身就足以成为一群现代建筑的博览馆。与其说“绿色的云”是为了“逃避城市”，倒不如说，它正是要创造一种在市中心绿地上环览现代都市建筑的奇观。

但公园设计师没有预想到的是，围堵在“绿色的云”周围的会出现像大中华广场这样奇形怪状的建筑；而其中一个面向西南方的观景台，也因为福田火车站的站场工程拆除，露出了坍塌的一角缺口。

如果把这些不同空间之间的“冲突”当成一种时刻在互动的城市化过程，那“绿色的云”仍然是一个观看都市奇观的好地方。

反思：隐秘的美好，还是尴尬的萧条

如果你是那种热衷都市探险，厌倦人头涌涌的城市漫游者，相信“绿色的云”能给到你很大的满足感。试想一下在一座超级都市最为发达的商业核心区，竟然藏着一个别有洞天的隐秘角落，这个角落冷清，却又精致，能让你在距离繁荣一步之遥的地方瞬间隐匿起来。有时候自私起来想想：就让这个秘密一直不为人知地沉寂下去，只有少数人才能找到这片美好，似乎也没有什么不好的吧？

但这是否是“绿色的云”的设计初衷？

公园本来是一种非常市民主义的城市造物，在城市公园初代设计者的眼中，这理应就是一个人流如织的公共场所，但这种“公共性”天生又包涵了一个悖论：如果公园完全失去了和“城市”之间的距离，那在一个固定的空间里重建自然生态的想象，又该如何做起呢？

这种城市规划理念上的冲突在“绿色的云”设计方案竞标之时就已经有所体现。当时评委之一的德国 GMP 设计公司总裁极力推荐这一方案，他认为如果因为乘车者看不到市民中心而否定这种在市中心“建树造林”的想象，将会是一件非常遗憾的事。他觉得一个城市的地标并不一定是有着明确建筑形态的地面耸立物，而是“森林也可以成为标志”。

这是一种在城市空间里对“自然生态”持开放态度的思想，自然也与奥姆斯特德那样的“城市公园运动”领导者一脉相承：绿地—公园—自然，本身就是城市应该接纳、创造以至学习的对象。

但这种“为城市创造绿色”的规划思想并不见得一帆风顺地未受质疑，最早在观众席里提出异议的，恐怕就是因为写出《美国大城市的死与生》而轰动整个美国规划界的“外行人”简·雅各布斯。

雅各布斯曾在《美国大城市的死与生》的第一章第四节——《街区公园的用途》中这么开宗明义地说道：与其把公园这种开敞地看成是对城市贫困人口的恩惠，倒不如反过来，把城市的公园看成一些“贫困的地方”，需要生气与欣赏的恩惠。

要理解雅各布斯的这一观点，首先就要明白到雅各布斯心目中的“理想城市”模型到底是怎么样的。在她看来，真正美好的城市应该是用途混合、建筑多样、街区丰富的，或者更直白地说，好城市就是能让行人有更多出行欲望的空间，而为了那些想象中的功能把“有生气”的人行街道进行切割，是规划师们自己的“异想天开”。

从这个角度看，被雅各布斯放在对立面的，正是 19 世纪末由英国建筑学家霍华德（Ebenezer Howard）提出的“花园城市”。花园城市的核心就是要拥有一块显著的绿地，在那样的设想里，绿地，或者公园，仿佛就是城市生活的目标所在。

公园的建造大量采用水泥板 + 不锈钢网 + 石块的材料，使人工痕迹“隐没”在景观中，而整个公园设计已采用环保的海绵城市概念，低洼处在晴天是荒野，到了雨天则成水塘 / 邓世杰 摄

而在后来实际的城市化实践过程中，这种对公园的乐观也并没有发挥出应有的价值。很多公园沦为空地，城市居民对它失去兴趣，而为了建造公园强制留出的大片空地，反而打断了很多传统社区街道旧有的生活逻辑。

更为真实地展现在雅各布斯这样的批评者眼前的，是前面说到的纽约中央公园，曾经在 20 世纪 60 年代，因为美国奉行“城市郊区化”政策，而一度走进了严重衰退的危机。当时的中央公园因为使用人流急剧减少，而成为垃圾堆积、犯罪率高发的“法外之地”。用雅各布斯的话来说，这一切的发生，都是因为公园这种相对封闭的空间，极为容易离开城市人口“注视的目光”。换言之，公园一旦失去了人流，也就失去了“生活”——不仅于城市无益，很可能还有害。

值得令福田中心区警惕的是，我们这片美好而隐秘的“绿色的云”，似乎也正在陷入类似的尴尬当中。

这种尴尬的发生是多层次的。相比之下，“规模太小所以引不起注意”还不是“绿色的云”最好的借口，更为致命的是，它一直无法与周边的建筑物联动起来——让居民充分地使用都谈不上，更别说能够怎样参与到城市肌理以及社区氛围的营造了。

也许说“绿色的云”将面临纽约中央公园那样的危机是有点危言耸听了，最起码在目前看来，这里还没有成为滋长“黑夜犯罪率”的隐患。但当我们赞颂它是福田中心区里一块“隐秘的美好”时往往也要注意，这种自得其乐的隐秘，本身很可能就是阻挡更多人流对它抱有兴趣的双刃剑。城市健行者能忍受甚至喜爱它静谧的氛围，但对于另一群城市居民来说，隐秘的另一面总是伴随着危险的恐惧。

摆在“绿色的云”营运者眼前的问题是：本来应该冲着市中心最宝贵的一块城市绿地而来的居民，到底被什么隔绝了，又因为什么离去？纽约中央公园在 20 世纪 80 年代逐渐走向复兴，这背后并非因为纽约当局投入了更大的预算去美化场所，又或者投入了更高的警力去铲除犯罪——如果要为城市算一笔合理而必要的经济账的话，为了一个无人使用的场所投入无止境的公帑，这始终不是一种良性的循环。

所以答案一直都藏在雅各布斯式的提醒里：让公园的功能丰富起来，让自发涌入的居民以及游人，成为一个公共社区最好的保护者。

日本的大阪城公园也是一个占地广阔的城市绿地，由 3 条铁路线（包括地铁和 JR）的 5 个轨道站点包围起来。它不仅对于市民使用具有很好的可达性，更为重要的是，园区里还分布着野外音乐堂、软式棒球场这些公共设施，为它的日常运营提供了稳定而又复杂的使用人口。这里每逢花季就是市民和游客赏樱赏梅的胜地，即便是最为平常的周日，当你作为城市漫游者随兴而至，也很有可能在公园里遇到一些业余乐队的街头表演。是这些，让大阪城公园、纽约中央公园、伯肯海德公园……成为一个个有着良好活力，并真正参与到“发现生活”中去的城市公园。

假以时日我们是否可以设想：当“绿色的云”不再是一块隐秘的美好，它应该有着怎样丰富的生活元素（音乐节，还是创意市集?）——在野趣盎然的绿地上，我们可以怎样发现、碰撞和创造城市生活?

这大概就是“绿色的云”尚未完成的想象。

10

岗厦：中心区城市更新中的租户与宗族

万妍／谢健／傅娜／
克雷西卡·J.布雷热

今天当游客们站在福田区莲花山的小平像前，往南边俯瞰成片的超高层建筑和现代都市景观时，他们很难不去感慨特区近40年的沧桑巨变以及建设成就。但或许他们并不知道，脚下莲花山以南，包含今天整个中心区范围的大片土地，都曾经属于一个叫做“岗厦”的村庄。昨天那个农业景观的独姓村岗厦，是特区福田中心区的前世。而在穿越近40年的城市化浪潮之后残留的岗厦是倚靠在中心区内唯一的“城中村”，被彩田路分隔为岗厦西（河园）和岗厦东（楼园）。

这个随着深圳“城市包围农村”进程而范围不断缩减的岗厦，从1996年深圳启动中心区建设时开始成为规划中的一处留白。1998年，有关岗厦西河园片区的改造研究由市政府提上日程。14年后的2011年，岗厦西片区终于全部拆除，进入建设期。今天，岗厦西从6.7万租户聚集的城中村变身高端地产，剩下另一半岗厦东倚靠在中心区边界之外延续数万深圳梦移民的廉价栖身处。这一对位于特区官方认定的唯一中心区的并置的“岗厦”，是理解深圳城市化以及当代中国的极富张力的文本。本文节选自深圳市土木再生城乡营造研究所自2014年发起的研究项目“岗厦罗生门”，呼吁学者以自主命题的形式对岗厦进行各个方面的自发研究并最终积累了100多万字的文献档案及图片、影像资料。

图｜土木再生

岗厦更新中的空间演变（2005—2017）
杨晓春是从 1998 年开始就对岗厦进行城市更新相关研究的规划师。她关注岗厦十几年来的规划发生了哪些方案上的改变，实施情况又如何。对普通人而言，规划师好像是“指点江山”的工作，然而杨晓春却说，她最早开始研究岗厦便感觉自己是一个算账的人 / 资料来源：杨晓春

从一位租户开始 | 万妍

要说清关于城中村岗厦城市更新的故事可真不是一件容易的事。在岗厦西拆迁时，那里居住着大约 6.7 万租户，而整个岗厦总共居住过多少人可能谁也说不清楚。如果算上岗厦西城市更新过程中，参与到岗厦变迁中的各个相关方，仔细分分类，一双手也不够用。

一提到城中村，人们可能会联想到很多标签。比如早年在主流媒体和城市研究中，城中村意味着“脏、乱、差”等不体面的城市形象。而近几年，随着城市化进程不断深化，城中村的一些功能被越来越多地得到认知，它在城市系统中的作用也逐渐被呼吁起来。比如因为客观上成为低收入群体的可支付居住空间而被称为城市的“孵化器”，降低了移民进入城市的门槛，帮助深圳保持人口聚集和财富聚集的速度和潜力等等。虽然迄今为止，在深圳城中村的改造案例中，开发商全部使用了拆除重建的方式，但社会中对城中村在城市功能上的认知带动了一部分人对城中村审美的改变，一些人开始思考一个有活力的现代城市应该去包容怎样的居住空间和生活方式。承认城中村是城市的一部分，是我们现实的一部分，也是理解我们城市的根本。因为城市远不仅是自上而下的规划，还有无数自下而上的参与合作。

岗厦是深圳这个改革开放的试验田里的官方唯一认定的城市中心区中的城中村。换句话说，它是深圳最正式规划中心内的最不正式的案例，一面理解深圳城市奇迹的镜子。探究和追问岗厦，也就是探究城市复杂性的一个绝佳代表。

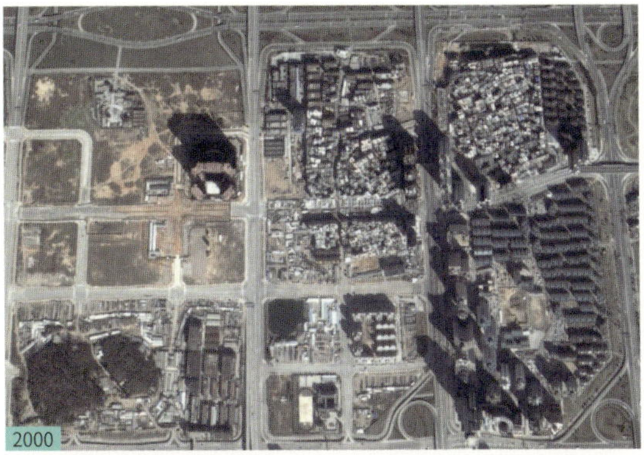
2000

2012

2003

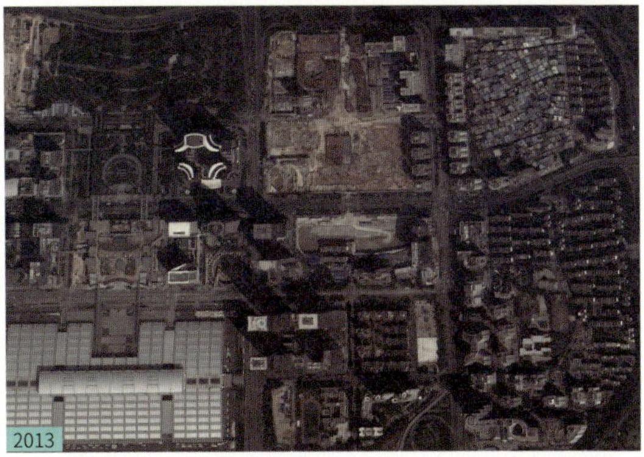
2013

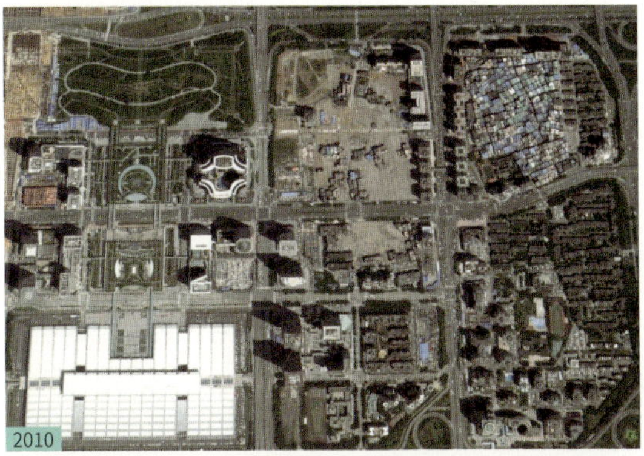
2010

2015

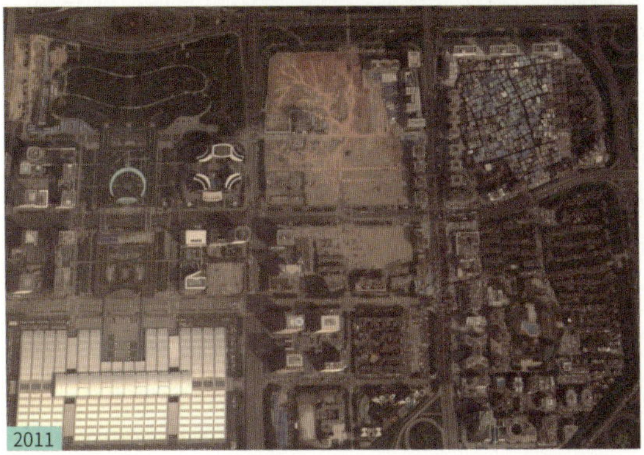
2011

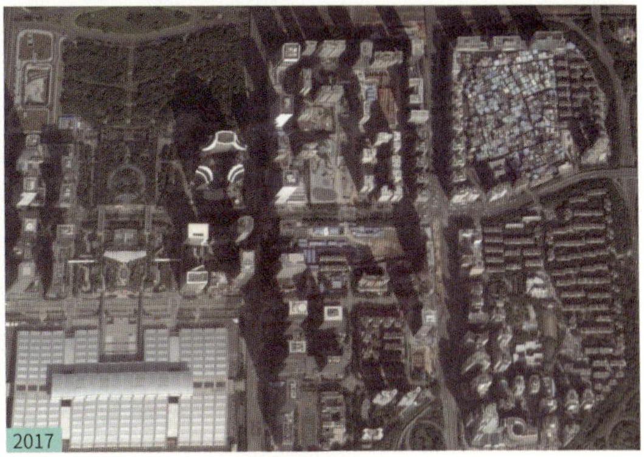
2017

岗厦村在地图上的位置
资料来源：土木再生

人们来到城市，是为了更好地生活。如果怀着以人为本的态度去了解城市，最好的方式莫过于去了解其中人的生活。然而，最典型的岗厦生活属于怎样的人呢？诚然，每一个人的生活都是独特的城市样本。李女士在岗厦生活了十几年，结婚并生育了两个女儿。2014 年 11 月 21 日的下午，我在岗厦东的一家必胜客餐厅采访了她。我想通过她对岗厦生活的描述作为切入口，并提出一些关键的问题。

我是江西赣州人，算起来从我第一次来深圳至今快 12 年了。我是 2002 年毕业的，大学毕业 6 月初就来了，一来就住在岗厦村。之前，我老公 1999 年来深圳一直住在这里，因为他我就直接来了。我跟我老公以前是高中时候的笔友，我喜欢文学嘛，一直书信往来，所以我一毕业就过来了。

2003 年 3 月我结婚了，然后就生了孩子，之后一直没有上班，直到 2005 年 9 月份我再出来找工作，也相当于没有工作经验的应届毕业生，但是还是住在岗厦。岗厦西开始拆迁的时候，我在华强北工作，走路上下班很方便。

我开始是住在岗厦西二坊。我对岗厦西的印象包括那条杂乱无章的美食街，还有很多“三来一补”的工厂，主要是服装，还有城管武装部、电影院。以前岗厦西比岗厦东要乱一点，不小心会有入室偷窃。西四坊、五坊一块，政府围起来，里面就是荔枝树。那时候，岗厦西那边的大中华和中心城还没有建起来，会展中心也是空地，直到 COCO Park 很长一大块，都给围起来了。一开始我觉得岗厦好大，以前去那里散步感觉挺荒凉的，都是政府用地，也有菜地，村民种菜或者是承包给外人。那时候我和我老公还有他姑姑从滨河走往福田口岸散步，都是渔民村，还有水田。在我记忆里，岗厦西附近那一片全是绿化带，反正也不让人进去。慢慢地，会展中心建起来了，后来就是中心城、皇庭广场、COCO Park。包括大中华、喜来登，将近建了 10 年。

城
福田
福田

岗厦村鸟瞰，摄于 2015 年 / 资料来源：土木再生

岗厦西拆迁之后，我就搬到了岗厦东，因为房东也和我们很熟悉了。他在岗厦西的房子被拆掉了，现在只有岗厦东还有 5 栋。我最早是租的一房一厅，后来孩子大了，就改租了两房一厅。现在我住的是比较老的农民房，2004 年或 2005 年左右的房子，靠深南大道。户型偏小。价位一直是上涨的。2002 年在岗厦西五坊，两房一厅才 800 一个月。2005 年涨到 950 一个月。拆迁以前，房租一年涨 50 到 100。拆迁以后搬到岗厦东，一房一厅都要 750。从 2010 到 2011 年以后每年涨两次。两房一厅最早搬进来是 1500 到 1600，面积变一点要 2100。2006 年的时候一房一厅是 1600，到现在是 2300 了。

今天跟你聊天，我才发现原来我已经在岗厦十几年了，我自己都没有意识到时间过了这么久。我女儿都到我下巴了，我一直说她会超过我。我觉得岗厦的流动性很大，也没有什么 3 年或者 5 年以上的朋友在这里，甚至左邻右舍都不知道有人，甚至房东敲门收租的时候才知道原来有人。现在还好，小孩在这里读书就能认识同学们的妈妈，包括现在楼上楼下也有同学一个班的，也亲近些。我也在考虑买房子，但是小孩在这里读书还是方便，不想动这个学位，不想搬家。深圳外来人口可以申请子女入学，像关外学位紧张，也担心教学质量，孩子转学的话朋友也会改变。我房东的孩子都出国了，他们也有去了学位好的地方上学，或者去香港。岗厦小学也是一个悠久的学校了，很多父母都是外来的，百分之七八十都是流动儿童，也是边缘群体。

岗厦村村屋，摄于 2015 年 / 资料来源：土木再生

因为我住在这里十几年了，也算是贡献给房东了。收益是房东，如果拆迁，我们租户没有任何利益保护，只有搬走，孩子读书还要再找学校。我们不买房也不是因为我们没有钱，有很多家庭原因。比如父母在老家要建房子，我们还有兄弟姐妹买房子要帮衬。我也不避讳我是农村来的，我上学的时候也是我姐姐资助我。作为女人可能有了事业就兼顾不了家庭，要有取有得，所以我的时间因为两个孩子都被切割成一段一段的，我最好的时间 22 到 25 岁都在家里。28 岁在家，31 岁又出来上班。很多人觉得自己只是一个城市的过客，也不准备买房子，准备赚钱了把农村的房子翻新。后来回家去也不知道干什么，所以就留下来在城市里。特别是我们同学当中，很多来深圳的，发展不下去的也很多，走的比留的多。有的同事回武汉了有的去了大理，在深圳很多年还是单身，所以就回去找对象，在老家做生意。也没有什么理由再来深圳了。

我接触过的岗厦的租户，每一个都有特别鲜活的故事。李女士最与众不同的地方在于，她是我接触过的在岗厦居住时间最长的租户。她的回忆中贯穿着很长的时间线，几乎是深圳这座年轻城市的三分之一，她的口述也包含了许多维度。

首先在地理上，李女士记忆中遍布岗厦周围的菜地到建筑地标群落的变化记录了从“村”向“城”转变的线索。实际上，城乡二元之间的关系一直是中国城市以及城中村的重要形成基础。她回忆中的“三来一补工厂”包含着城中村形成过程中在产业上拥抱市场经济的痕迹。国家在将农地收归国有后所返还的工商发展用地，被村民用于建立工厂收取租金。这些城中村里也发展出便利灵活的小型商业。如果城中村不会因外来资本的房地产利润诉求而拆除重建，这些区位优越、居住服务配套充足的产业空间可能会存在怎样的潜力呢？显然这个转变借由自上而下的规划之手进行了干预，而在规划岗厦的过程中间，有过哪些思路上的变化，与城市相关的公共利益是如何体现的？又是如何改变的？

其次，“居民”或者“人”的维度是城乡二元背景下的重要内容。李女士的房东起码在岗厦曾拥有六套房产，这些财产价值不菲，但他却并不居住在本地。真正生活在岗厦的居民大多和李女士一样来自五湖四海的内地农村。他们并不全是低收入群体，也有城市移民和具有城市发展潜力的脑力劳动者。很多人都以为，城中村是一个“跳板”，这里有很高的居住流动率。然而李女士在岗厦居住十几年，并生养两个女儿的叙述却让人感到，城中村的社会承载潜力被许多人低估了。她在岗厦西拆除后搬迁到岗厦东，而在我接触的租户中，一些频繁搬迁的移民始终居住在不同的城中村内或者周围。城中村内产权人和居住者之间悬殊的人口比例对于城中村问题至关重要，因为它涉及许多复杂的社会问题。比如在城市更新的过程中间，一个在本地居住十几年的租户，显然也很难支付城市商品住房，他是否有保障居住的权利？又可不可以对当地发展提出自己的意见呢？回答这个问题，需要从城市管理的角度判定对流动人口的价值观。

我们再看一个最带有最主流价值意味的对于城中村的媒体文章，作为评析岗厦的一个原文本。比如这篇 2011 年 4 月 6 日南方新闻网的报道：

提要：岗厦河园片区改造完成后，将成为独具特色的、高品质的 CBD 配套区和都市活力中心……

这本发行于 2009 年的《岗厦涅槃》由南方都市报制作
资料来源：土木再生

为进一步挖掘土地价值，提升城市功能和环境品质，近日召开的全市城市发展工作会议提出，未来 3 至 5 年建设五大标志性城市更新项目，这些项目包括岗厦河园片区改造……

专家表示，这些片区目前都是握手楼、脏乱差集中的城中村……城市更新项目完成之后，这些地方将变身成为新型的都市综合体和宜居社区，土地价值和环境品质大大提高，将成为城市发展的新亮点。

改革开放 30 多年来，深圳创造了世界城市发展史上的奇迹，同时也消耗了大量的土地资源。目前全市剩余可建设用地面积有限，且分布零散，空间和土地资源难以为继的问题十分突出。在新增城市空间资源极其有限的条件下，城市更新已经成为大力推进现代化城市建设，加快城市空间和功能的战略性优化，促进经济可持续发展的战略选择和重要抓手。

……

岗厦河园片区改造：建成高品质的 CBD 配套区

岗厦河园片区位于福田中心区东南角，深南大道南侧，福华三路北侧，临近水晶岛、市民中心，是中心区南中轴线东侧最为重要的城市景观区域，约占中心区用地面积 9%，是深圳市最有代表性的旧村之一。

该片区是深圳中轴线的重要组成部分，也是中心区内最大的城中村。岗厦河园片区改造项目是我市改造难度最大、建设标准最高、城市影响最大的城中村改造项目。改造岗厦河园片区意义重大，它将是我市实现国际化、现代化城市建设目标的重大战略步骤。

岗厦股份公司有关负责人表示，改造前，由于历史原因，该片区的规划布局混乱、安全隐患严重、市政基础和公共配套设施不足。片区的建设量极大，村内密布廉价的居住建筑及老式标准厂房，15 万平方米的土地上，建有房屋 590 栋，大多为村民所有的握手楼。建筑间距、防火、垃圾运输等均无法保证居住建筑的最低标准，同时也缺乏必要的配套设施，造成居住环境恶劣，不仅影响片区的进一步发展，也对中心区的整体形象和发展产生不良影响。片区常住村民 486 户 900 人，暂住人口达 6.7 万，倒挂比例悬殊。

中心区的建设和发展，给岗厦河园片区带来旧城改造的机遇。据了解，岗厦河园片区改造项目改造拆迁影响范围 23.52 万平方米，改造建设用地面积为 16.19 万平方米。项目建设周期约 5—6 年，总投资 92 亿元，“十二五”期间计划完成投资 70 亿。

据介绍，岗厦河园片区改造的目标是，加快全面整体改造，完善中心区的结构，配合中心区建设和发展的整体推进要求；综合平衡、合理控制土地开发强度，满足可持续发展要求，创造优美的环境与城市形象；引导发展，有序疏解岗厦城中村的现状问题，促进股份公司良性经济发展。

规划专家介绍，岗厦河园片区改造将借鉴国际成熟 CBD 的功能划分和布局，结合深圳中心区已形成和已规划的功能以及市场趋势进行定位，按照中心区建设的高标准要求，为深圳中心区向国际化 CBD 发展起到促进作用。

2008 年 9 月 22 日，岗厦河园片区改造工作正式启动。改造完成之后，这一片区功能定位为商业、办公、居住为一体的商住多功能综合发展区，深圳市最具标志性的都市综合体项目，成为中心区的一个有机组成部分，以及独具特色的、高品质的 CBD 配套区和都市活力中心。

这则报道中最值得关注的首先是其对旧改动机的描述：城中村本身是“城市病”，需要改变。在深圳土地有限的背景下，这些问题区域的拆除重建势在必行。其次值得留意的是这则报道中对旧改目标或愿景的描述，包括“宜居”“可持续发展”“国际化、现代化城市”。

然而这些词汇颇为抽象，要理解这一报道中的观点，我们不得不发起一些疑问。如果我们把城市更新看做一笔复杂的交易，那么它一定会产生交易费用。如果城市更新的利益如此巨大，它的成本应该如何衡量？这些成本和利益又是如何进行社会分配的呢？我们如何理解“宜居”“可持续发展”的涵义和标准？而“国际化、现代化”的城市审美对于一个个具体的生活在城市的普通居民来说又意味着什么？

2016年，改造后的岗厦西以“天元”为新楼盘的命名面向市场开盘。“天元”这一对于围棋棋盘中央位置的术语不仅宣示着新岗厦的区位价值，也意味着“万物的本源和开始”。随着“天元”成为新时间的起点，曾经的“岗厦村”似乎成为了一段“前历史”。线性的时间维度经由一个城中村的死与生被爆破，历史似乎在此获得了某种跳跃。如果对于进入存量规划时代的深圳来说，那些城市更新计划名单中的城中村的时间，都准备在成为下一个“天元”中逐个爆破的话，那在新的历史开启之后，我们的时间最终指向一个怎样的世界？那些跳跃断裂的新起点是指向一个关于物质救赎的弥赛亚时间，还是关于人的生命发展的圈囿？亦或者一个关于资本内生性危机显现在空间上的悖论？

岗厦租户的搬迁 | 傅娜、克雷西卡·布雷热（J. Cressica Brazier）

本研究调研了原本居住在岗厦西的 129 位租户，这些租户的搬迁原因可以分为三类：更换工作、自愿更换居住地和由于村中建筑物拆迁而被迫搬迁。希望评估搬迁对城中村的低收入租户产生了哪些影响。

调查数据表明，搬迁对生活质量指数有着不同的影响：80% 的人表示在搬出岗厦后居住环境得到了改善。受访者普遍对城中村空间是脏与乱的印象。这些前居民中的许多人在租得起的前提下，还是乐意选择居住在封闭式小区的。但是，大多数租户在搬迁的过程中，靠近工作地点，交通便利和居住成本仍然是考虑的主要因素。然而，被迫搬迁的租户们与自愿搬迁的人群有所不同，由于拆迁而被迫搬迁的人群中仅仅只有 30% 的人居住条件有所改善，而自愿搬迁的人群（主要是那些年轻的专业人员）则有较大的改善（85%）。

同时，数据显示在城市更新的过程中并未因为搬迁而产生导致许多人所预期的就业问题。被迫搬迁人群中仅有不足 20% 的人不得不更换工作，一直待到最后才搬走的租户们更多受雇于商场以及从事一些非正式的工作，他们继续依靠着周边城中村的空间消化搬迁产生的影响。与此相反的是，多数自愿迁离的租户们与拆迁前相比有了更加稳定的就业机会，只有 40% 的人仍然从事着居住在岗厦时所从事的工作。

在岗厦河园片区的拆迁过程中，很大一部分人口搬迁至岗厦楼园片区。大量因拆迁而被迫搬出的租户在过去 5 年的搬迁中并未搬离太远，而那些自愿搬出的人越来越多地迁移到了市郊。年轻的专业人员开车去寻找租得起的住房，尽管他们说住房成本并非是他们考虑的首要因素。同时，由于更换工作而搬走的人更愿意在深圳的外围寻找工作机会。这些搬出者较少选择居住在靠近工作地点的地方，尽管他们说比较喜欢居住在离工作地较近的地点。在过去的 5 到 10 年间，城市中的工作与居住范围已经不断地扩展到了深圳的外郊地区，这一论点得到了岗厦改造的迁移模式的支持。通过对搬离城中村的租户的跟踪，虽然通过现状的研究，我们尚不能确定租户在迁移中居住与工作地点的关系，但是，总体模式可以反映出深圳城市人口的双重边际效应。

交通时间与成本的增加是租户们搬出城中村后最大的变化。私家车拥有量也有了提升，因为更换工作和居所的人群通过搬离城中村的契机一半以上开始拥有了私家车，而

岗厦罗生门

城中村更新对低收入家庭及城市系统的影响评估

在中国的城市更新进程中，城中村俨然成为见证大量人口迁移的地方。岗厦位于福田区中心，是为深圳近一半人口提供落脚的三百余城中村的一员。直至2009年岗厦西拆迁前，这条容纳68000人的城中村只有1%的原住民。本项目以岗厦村为例，研究、展示作为自上而下的城市更新对于低收入人群租户的影响。

（调查样本容量：129人）

岗厦曾经的那些租客。

1 家乡

租客主要来自广东省及临近省份包括江西、湖南和湖北。其他地区包括四川、河南、广西、陕西、山东、吉林、甘肃、浙江、山西、江苏、湖北、安徽等省份。

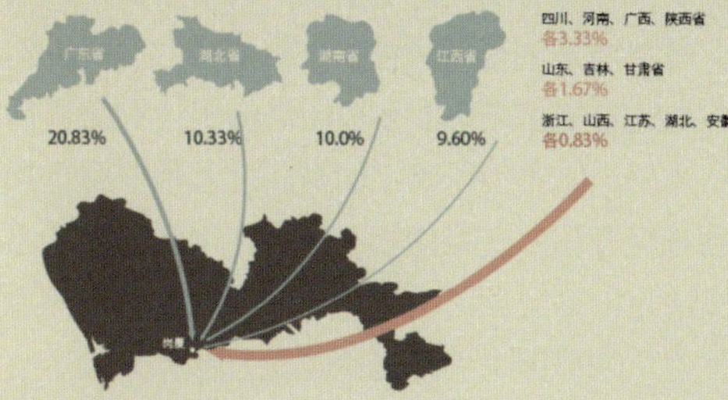

2 家庭规模与居住模式

租户以单人居住占主导，并与其他住户合租一个单位，每人占一单间。另有逾两成五表示为育有一孩家庭。

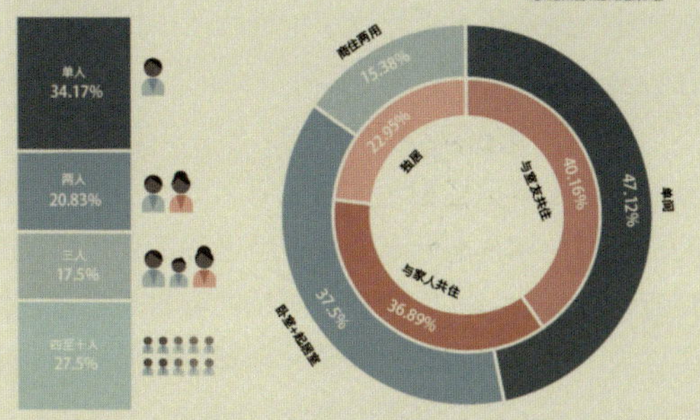

3 职业

租户以专业人士及个体户为主，另工厂工人及服务员也占一定比重，文员与无业者最少。

4 居住时长

居住1-4年的人占了多数，亦有少部分居住长达10年以上，调查过程有受访者表示居住达20年。

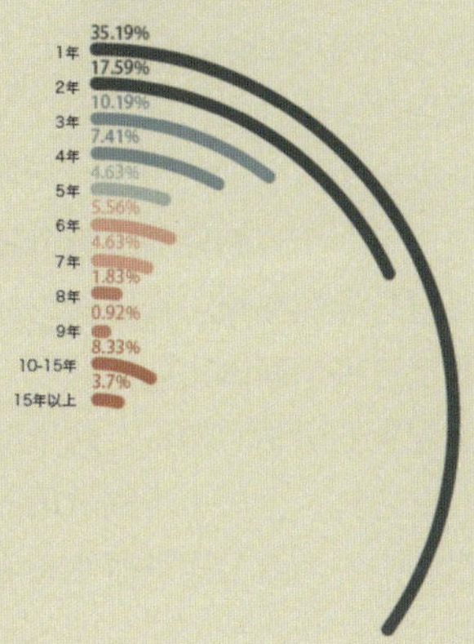

5 为什么离开岗厦?

离开原因可以分为主动离开（工作转换、搬家换房）及被动离开（岗厦西拆迁）。对于主动离开者，主要职业为专业人士及工厂工人，在岗厦居住时间为5年以下；而被动离开者，主要职业为个体户，其中居住期达5年以上的要比主动离开者多，更出现长达20、30年的受访者。

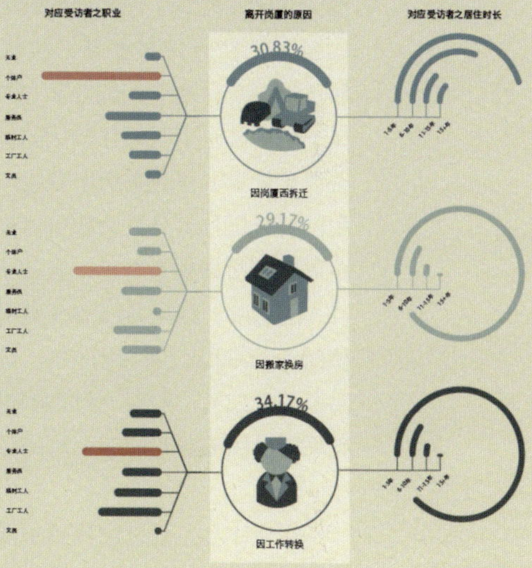

当他们离开以后。

6 新居住点的选择?

在选择新的居住环境时，有以下几个主要考虑因素。实际上，主要考虑物价租金的租户仅占总租户20%以下，在采访过程中得知小型的经营空间也是重要的考虑因素。

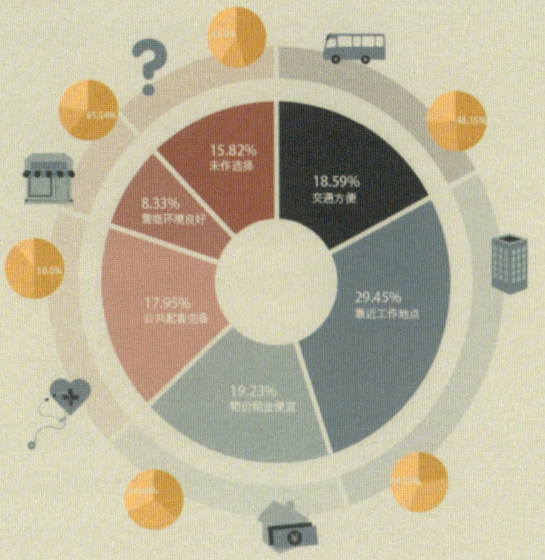

他们在岗厦时没有一个人拥有汽车。从岗厦被迫搬出的租户中也有 20% 的人开上了私家车，原因只是从家到工作地点的距离增加了。在从岗厦搬离之前的调查中显示，调研对象大多数在岗厦附近工作，均在 2—3 千米范围之内。但是当租户们自愿搬出岗厦后，他们从居住地到工作地的距离明显增加，较典型案例是仍居住在深圳的中心区域，但平均增加了 12 千米的距离，也就是增加了 5 倍的交通距离。被迫搬离的租户们搬离后在居住地到工作地之间的距离也增加了 2—3 倍。比较难以确定的是，之前租户中选择开车上班的人是由于居住较远的原因而必须选择开车，还是他们在选择住房时考虑的是能否以车代步。研究采访中获悉，做出购车决定的部分原因是因为新家所处的位置需要有车，同时提升自身社会认可度也是购买私家车的原因之一。无论怎样，这种扩大了交通距离同时使其成为有车一族的转变中具有某种关联，可能对生态的城市可持续发展带来巨大的影响。以现阶段的岗厦旧改调研数据推算，随着每个新的城中村改造工程的实施，将创造 15000 位新深圳有车一族（这一数据为推算调查样本，并不能代表 2009 年整体岗厦的人口）。当然，伴随着以车代步的时代到来和不断的城市化进程，生活在办公区域附近可以步行和骑车上班的氛围也在慢慢减弱。

在工作与生活之间找到平衡后，我们希望了解这些搬走的居民对新的居住条件满意不满意？通过采访，居民给出了这样几个解释。这与全球其他许多地区的市郊化趋势有着类似之处。因为对土地所有权和户口身份提供的公共服务和归属感的需求，一定程度上消除了地理位置而导致的不便。徐先生说“家”的感觉，就是一个每天都要返回的地方，这是一种社区内的归属感，它让徐先生一家人维持紧密的联系。同时，当家人获得使用社会设施和服务（例如儿童教育、保健、房屋抵押和退休养老金）等机会时，他们渐渐培养出一种社区归属感和公民意识。

超过 50% 的城中村租户仅在岗厦居住了一至两年，这表现出了城中村的“暂住”特性。然而，仍有一部分租户已经在城中村里居住了十几年；岗厦居住了来自全国各地的人群，融合了各种不同的文化。“同乡”，是一种典型的亲属关系网，而城中村往往就成了同乡们的短期造访之地。这一过程要求岗厦要有一个容纳外来人口的适应期。研究者惊奇地注意到，在城中村里，租户们通常不愿意与邻居交谈。社区网络首先是亲属网络，而不是单一个体之间形成的网络。搬迁削弱了这种亲属网络间的联系，常常仅有家庭成员之间的联系得以保留。让我们再回到对徐先生的采访。他说，村里的老熟人彼此都不再联系了，他们更愿意和新来的邻居沟通。在这样一个城市过渡阶段的城中村里，这种情况也不禁令人唏嘘。但是，受访人员还对城中村为他们提供居所和服务从而使其开始了城市生活表达了感激之情。

7 新住处环境与新工作

绝大部分受访者表示新住处环境要比在岗厦时变好，其中因换房子离开岗厦者同时更换工作。大部分被动离开者转移到其他城中村，但工作并未变更。

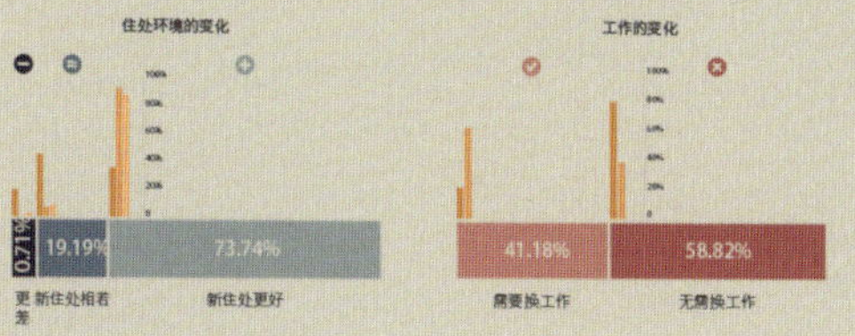

8 居住地点的变化

被动离开者第一次迁移后除了最多数选择的岗厦东外，居住地还涉及罗湖的蔡屋围、布吉片区，福田的上下沙、梅林片区，南山的西丽、白石洲、南头片区以及宝安的西乡等。

主动离开者第一次迁移后居住地较被动离开者更分散广泛，更为郊区化，包括罗湖的蔡屋围、清水河片区，福田的上下沙、八卦岭、田面片区，南山的白石洲、南头、蛇口片区，盐田的沙头角，宝安的西乡、石岩片区以及龙岗的布吉、横岗、坪地片区等。

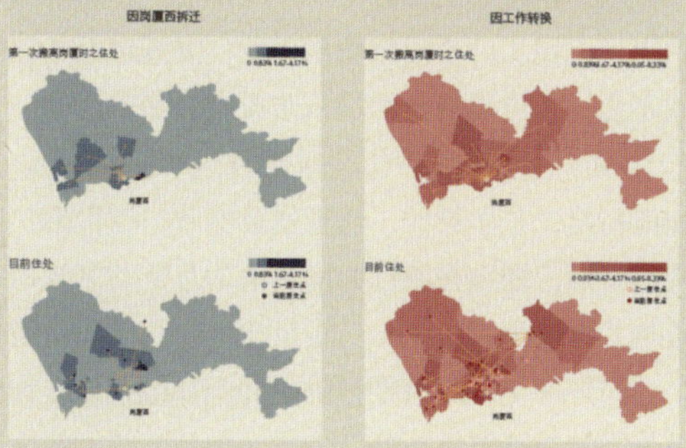

9 工作地点与通勤距离的变化

被动离开者在离开岗厦前的工作地点离住处较近，平均通勤距离为2.1公里，然而离开岗厦后，目前的通勤距离平均达5.5公里。主动离开者在离岗厦前的工作地点较被动者远，平均通勤距离为2.5公里，当离开岗厦后，目前的通勤距离更长平均超过12公里。

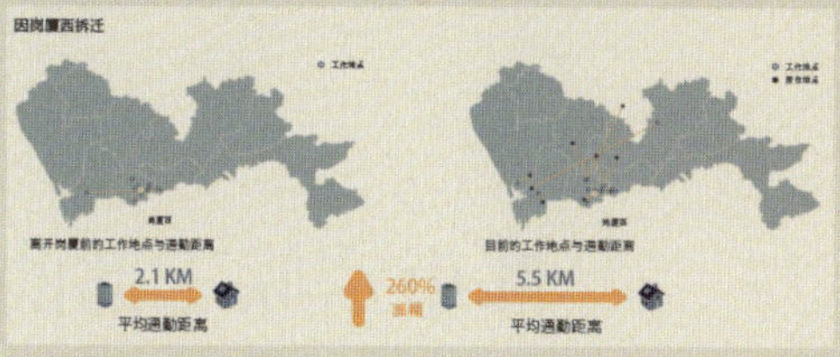

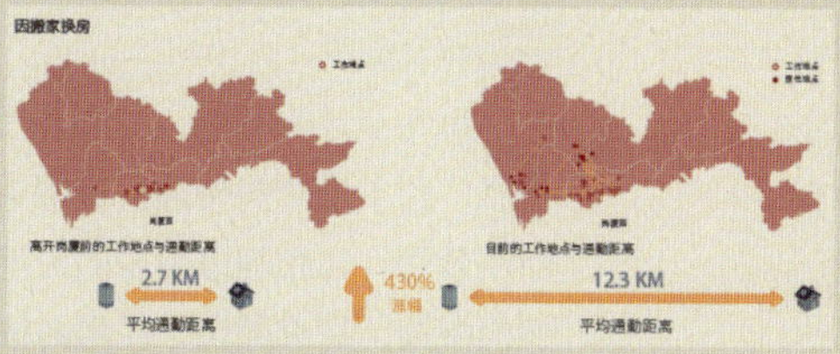

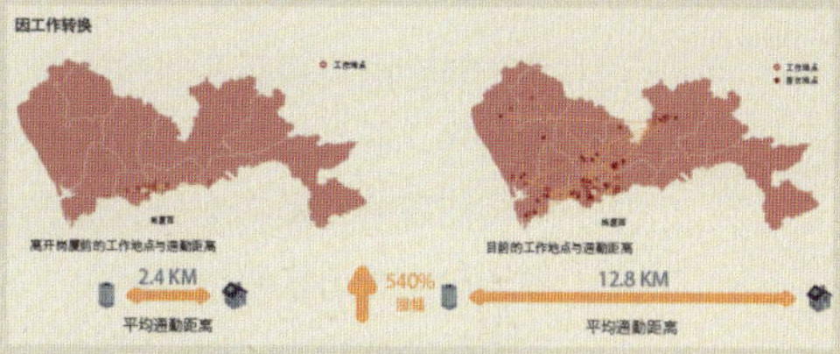

10 通勤方式的变化

离开岗厦前，租户的出行方式以步行与使用公共交通为主，未有使用私家车。在离开岗厦后，主动离开者与被动离开者在通勤方式上变化趋势大致相近，以步行、自行车、公共交通出行的比例均有不同幅度下降，仅有因工作转换离开者之使用公共交通轻微增幅，而使用私家车者比例则100%上涨，并以因搬家换房者居多。

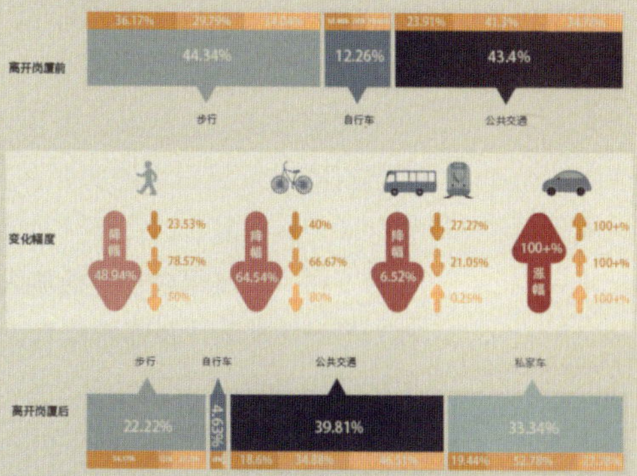

城中村旧改正影响着我们每个人的生活，城市化带来的物价、房价上涨、交通压力的激增都不断的改变着我们对城市的认识。在研究数据后不难发现个体通勤时间成本、人口的边缘化趋势和对私家车的依赖在大幅增加。城中村居住人口的迁移一定程度上代表着深圳大量外来务工所面临的社会困境，这也是岗厦罗生门研究组希望大家一起思考与面对的问题。

都市宗族三部曲 | 谢健*

每每走进岗厦村，总能感受到其与高楼林立的核心 CBD 地段格格不入的市井生活气息：握手楼摩肩接踵，连绵成片，一楼是密密麻麻的店铺，充斥着中低档日常生活用品和食肆；二楼则是房客的天地，小白领、农民工、小商贩聚居于此，龙蛇混杂。这里熙熙攘攘，灯火通明，任何时候都喧嚣不息，人声鼎沸，似乎从来没有疲惫的时候。

与全国为数甚多的城中村一样，岗厦村是一个单姓村，这也就意味着，在街道、居委会等“看得见”的现代乡村管理机构的背后，还存在着以血缘关系为基础的宗族组织对该村落的发展产生着“看不见”的影响。事实上，正是一个遍及深圳、东莞和香港新界三地文氏宗族网络集团在左右着这个看似野蛮生长的城中村的走向，并最终通过强而有力的宗族势力，把岗厦村从一个默默无闻的外迁单姓族群打造成一个亿万富豪的生产基地。

溯源

岗厦文氏一直被媒体誉为“文天祥的后人”。从历史上看，南宋名臣文天祥与深圳，即当时的宝安县确实渊源颇深，其脍炙人口的诗句“人生自古谁无死，留取丹心照汗青”即为其过珠江口伶仃洋时所写，毗邻深圳，内伶仃岛即属当时的宝安县所辖。由清末岭下村（今凤凰村）文氏族人整理的《岭下村文氏世系歌》中也将文天祥之弟文天璧视为始祖，认为“吾姓始祖为天璧，仲训（二世祖）应麟（三世祖）及若龙（四世祖）”。根据明崇祯版《东莞县志》和《新安县志·人物志》所记，文天祥的孙子文应麟，“倜傥尚志节”，于元代景定年间即于粤东隐居。宝安文氏被称为“文天祥的后人”，遂成顺理成章之事。

*谢健：助理教授，哈尔滨工业大学深圳研究生院人文与社会科学学院

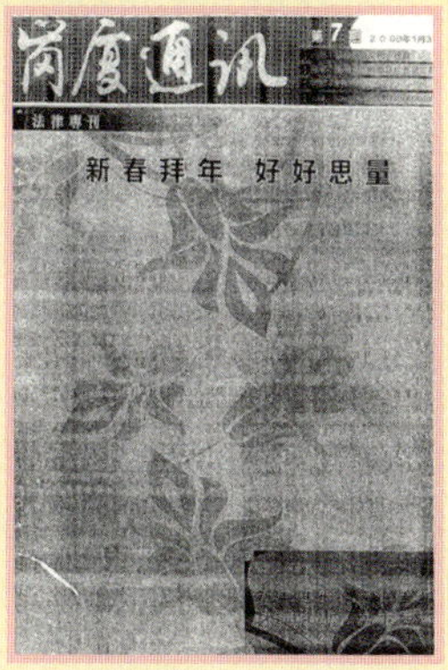

《岗厦通讯》。深圳大学艺术设计学院副教授周月霖在其论文中这样表述：对于岗厦村民来说，也许各种数不清的调查、问卷、合约、证明等文书他们可能已经记不住了，但有一种文本他们绝对不会忘怀，那就是《岗厦通讯》。当时任福田区城中村（旧改）改造办公室主任的郭鹏生在他的题为《力与利——微视角下的岗厦更新》的主题演讲中这样说：“哪个更新项目自己出过通讯、自己出过相当于报刊来形成一种文化抵抗和文化宣传力量？我相信没有。而岗厦的钉子户自行编制印刷的一种岗厦通讯，在香港和深圳同步发，你从这个可以看到这是一种什么样的力量运用，如果从这点来讲我就认为，岗厦的村民比我们很多的规划师有头脑有手段有力量，因为他们通过恰当的手段把他们的利益实现。《岗厦通讯》是我们当时最头痛的一个应对，因为在香港印刷。更重要的是，是让香港的媒体不能够认同他们，不能拿我们平常的体系来应对他们，这是一种跨域方式。在这个领域怎么利用宣传新闻媒体手段来宣传自己或者强化自己，真是学到了不少。”/ 资料来源：土木再生

在高楼林立的都市中，岗厦文氏也并非单枪匹马的零落孤星，而是强而有力的粤东宝安文氏七房中的其中一房。据《岭下村文氏世系歌》所述，粤东宝安文氏以元代之文耿介公夫妇为开基祖，历经数代繁衍，开枝散叶，形成了“七房”的繁盛局面。香港《泰亨文氏族谱宝安之系七大房源流考》也记载，宝安文氏之“七房”分布于松岗报美村、宝安岭下、白石下村、涌头村、上头田、潭头村、山门、山尾村、岗厦村和香港新田村等地，主要集中于深圳福田区和香港新界区域。岗厦村与另外六房宗亲共用松岗的文氏宗族墓地。这片墓地曾因城市改造而被抹去了地表建筑，然而其作为宝安文氏缅怀先人的重要场所，仍然是确保岗厦村与整个宝安文氏宗亲网络保持密切的重要保证。

已迁往香港新界落马洲一带的泰亨村也与岗厦村同属垂统公一房。虽有一河之隔，两村却互动频繁，情谊日坚。根据岗厦村民回忆：“想当年我们没有解放的时候，逢三、六、九的日子就要去赶集，我们当时岗厦村的人赶集要去到香港那边的圩，未解放的时候我们赶集都是去到香港那边的。……解放前的时候我们就是小孩，才三四岁的样子，所以都是听父母说的。”为了维持宗亲情谊，两村还成立了联合宗亲会，至今仍然定时举行各种宗亲活动，如每年正月初七左右泰亨文氏宗亲会举行的团拜活动，筵开七八十桌，专门邀请两村族内老人参加，表示敬老、慰老之意。岗厦村每年从族内根据各分支成员多寡派出代表前往参加，与泰亨村保持着密切的联系。

根据岗厦村文氏宗亲叙述，“香港泰亨村有 3 条村，新田村有 6 条村。泰亨有一个乡公所，新田有一个乡事委员会。这两者合起来统筹了新界文氏宗族共 30 多条村。每个村设有一个祠堂，分别由一名文姓原居民和一名外姓人担任村长”，宗族势力庞大。而著名人类学家华琛 (James L. Watson) 在 20 世纪 60 年代对香港宗族的考察中也敏锐地察觉到新界沙田泰亨村文氏具有极强的控产能力。20 世纪初期，新界文氏大约拥有 126 个新界地块，沙田区 65% 的土地为文氏所有。通过几个世纪以来族子们的运营，文氏的核心宗祠名下控制了数百英亩（1 英亩折合约 4047 平方米）的土地。核心宗祠的土地由这 3 个文氏大族共同管理，3 个大族下再设立分支祠堂，分别占有一定的族产，以此类推，构成了严密的宗祠土地控制体系，持续至今，是一个善于运用铁腕手段的大族。

沉寂

尽管被誉为“名臣之后”，而且具有广泛的宗族网络和强大的宗亲后援，岗厦村在中华人民共和国成立以后乃至进入改革开放后的数十年时间中却是相当沉寂的，岗厦文氏也几乎呈现出式微之势。

与一脉相承的宝安文氏不同，岗厦文氏的土地根基在20世纪60至80年代的土改运动中经历了打破—重构的历程。在这场土改运动中，岗厦文氏宗族虽然土地势力范围没有改变，其内在的土地分配结构已经发生了本质的变化，“岗厦的边界都没有变，还是这么大田地也还是这么多，但是就是分到个人头上的田地就有变化了，……都重新分给个人了”，宗族在土地上的主导权已大为削弱。

在经历宗族土地重构之后，岗厦文氏的宗族权威又在“文革”中被进一步打倒。根据岗厦文氏村民的回忆：

中华人民共和国成立之后大家都不怎么开始流传这些了，包括我哥哥他们也是很执着的，家里都不能放神主牌的。……中华人民共和国成立后穷人翻身，大家都觉得毛泽东好，所以慢慢把他神化了，神化了之后就大家觉得祖宗也不能拜了，只要拜毛泽东就够了，所以才会慢慢地变成这样。当时大家会觉得，祖宗不能给你什么但是毛泽东可以。……大家慢慢地就已经不说一些传说啊、祖宗之类的了，不能宣传封建迷信。

在这样的社会环境下，岗厦村现时一些七八十岁的老村民都对宝安文氏的宗族传说和结构日渐生疏，对于“七房还是九房”的问题，也只停留在童年回忆之中了。

在这一时期，岗厦村三分之二的男丁都外逃香港或国外，人员的流失也就意味着宗族的基础在被逐步动摇。20世纪50年代，“逃港”成为深圳村民中的流行风潮，宝安民谣有“十屋九空逃香港，家里只剩老和小”之说。20世纪70年代，受到当时的深圳与香港收入水平相距百倍的悬殊刺激，村民开始疯狂地奔往一河之隔的资本主义世界。“岗厦村村民逃港是‘一窝蜂’式的，只要有一两个人开始逃港，大家就蠢蠢欲动逃港。……三分之二的村民都外逃”，曾于1971年泅渡逃港的一位岗厦文氏老先生这样说道，渡海时打八号风球的情景于他而言至今仍历历在目。

土地资源的流失也是岗厦文氏面临的困境之一。现时岗厦村位于福田区的中轴线上，占地151 600平方米，人口约10万。然而曾经的岗厦村掌握大量土地，面积是现时数倍，村中老人对于岗厦村的地界如数家珍：

（画图中）宝安，我们在宝安边的了。……以前有岭啊、山啊的时候我比较清楚。梅林那里的那个隧道，那个山还有，没被推平，但是其他的小山丘都被推平了。以前邓小平（塑像）那里，还是很高的，……但是推下来山摊大了变矮了。岗厦的田的话就过来大中华，过来现在的喜来登酒店。现在的石厦，快到香蜜湖那边，竹子林也是，新洲那边的妇儿医院那边不是有个大水渠，那个水渠现在就是属于益田村的，但是以前基本都是岗厦的田地。……公社的时期，五几年的。福华路上面是岗厦的，下面就不是了。

从这段访谈记录可知，现今的福华路以北，田面水渠为界，所有的山脚的大量田地、山地，一直到20世纪70年代仍然属岗厦村所有。这些土地以种植稻米、番薯和花生为主，山上往往种植荔枝。1984年后岗厦村所在福田区经历了土地性质的急速转变。在土地征收中，当地农民的自留山地赔偿标准为该地农作物的五年收成，对农作物稀少的山地来说，补偿的价格还可以更低廉。宅基地和老屋则从农村集体土地转变为工商发展用地。20世纪80年代中，上述征收方式一方面让政府可用低廉的价格获取附城村民的自留山地集中开发，又使得大片农村宅基地可用于开设厂房和招商引资。1998年，岗厦村村民的自留山、地最早以低廉的价格被征收，先后被改造为莲花山公园和笔架山公园，村民只保有宅基地，村落版图大幅度缩小。

物质基础的流失也加速了宗族精神基础的削弱。从20世纪50年代末至90年代末共40年时间里，岗厦村原建于清代的宗祠“五房祠”也逐渐弛废。“五房祠”为文萃公之子文艺所生的6房子孙所建。文艺育有6子，因长子文成无传，故只有5房子孙，故而称为“五房祠”。然而这座祠堂在城市化的过程中也不可避免地面临着被废弃、拆毁的命运。根据文氏族子文伟强所言：“岗厦文氏宗祠于20世纪80年代的时候因为政府征收而被拆毁了。拆毁之后在原址旁边建了文蔚阁。原来宗祠之前不准盖房屋，在拆毁改造后，就可以在文蔚阁周围建房屋了。拆毁的时候宗祠已经废弃很久了。”

在急速的城市化旋涡中，面临着宗族物质基础和精神基础的削弱、流失，静默、沉寂似乎是岗厦村最好的选择，也是中国大多数都市宗族的难以逃避的宿命。

苏醒

岗厦文氏的长久沉寂在 20 世纪后期的股份公司与宗亲会的设立中被逐渐打破。像一个孩子从从沉睡中醒过来，急切寻找曾属于自己的精美玩具，岗厦村岗厦股份有限公司通过对股权分配、管理、流转进行了具有高度宗族聚合性的建构，释放出岗厦文氏宗族意识复苏的明显信号。

1985 年，以岗厦文氏宗亲为基础的“岗厦企业股份公司”成立，公司早期集资的 25 万元用以经营饭店和五金建材，将经营所得投入生产。至 1993 年，岗厦企业股份公司更名为岗厦股份有限公司，筹集资金 900 余万元，用于厂房建设等工业项目。公司在股权分配上借鉴了香港新界泰亨村的祠堂—族田管理模式，将内部股权分集体股和个人股两类。前者股份属于公司集体所有，后者为个人所有，“不得抽资退股，股份额确定后即不得再更改；……也不得继承、买卖、转让或抵押，股权仍然归股份公司所有”。

岗厦股份公司的配股结构在某个意义上体现出了对新界文氏土地管理结构的借鉴：占整个公司股权中 49% 之巨的集体积累股份，相当于对族内主要资产占有主导地位的核心宗祠；其关于个人配股不得转让、买卖的规定，与香港新界文氏关于宗族土地不准转卖外姓如出一辙。上述两种操控手法均以保存族内财产的完整性、纯洁性为主要目标。

岗厦文氏宗亲会略早于岗厦文氏股份公司成立，其设立初衷不过是为了强化深圳岗厦文氏与香港新界文氏之间的联系，增强岗厦文氏族内的凝聚力，管理较为松散。岗厦村的楼宇最初也只用于自住，并无出租谋利之筹划。“差不多到 1991、1992 年左右的时候，才慢慢有人来问是不是有房子出租”，岗厦村村民才开始加建房屋，蜕变为城中村的食租阶层。20 世纪 80 年代末期，岗厦村多建 4 层楼房，月租收入约为三四千元。随着租金的上扬，楼宇渐加建至七八层，部分村民每月的房租收入高达 10 万元，十分可观。如此这般岁月如水，岗厦村倒也波澜不惊。2006 年，福田区政府与岗厦文氏集团董事、开发商达成协议，并形成了一个详尽的旧改方案，试图以较低廉的造价完成岗厦村的旧改。

在利益链条的牵动下，原本只是联谊性质的松散的族内联系骤然变得牢不可摧，坚固无比。岗厦村民很快地在香港文氏的指点下发现了这个协议对他们共同的宗族利益的忽视，于是以香港文氏宗亲会会长为首的垂统公房宝安文氏开始通过团结族内力量极力抨击此事，并认为岗厦文氏理应得到更高额度的补偿，而且必须东西岗厦同时进行改造，维护垂统公房共同的宗族利益。

2008 年，香港文氏宗亲会对抗政府拆迁的强硬态度引起了部分岗厦文氏村民的抵触，认为这种宗族群体的对抗会对其货币补偿利益构成损害，由此出现亲港派和本地派的分裂。然而无论哪一派，村民均从补偿利益出发，极力推动旧城改造。在宗族的斡旋之下，深圳福田区政府与金地大百汇房地产公司、岗厦股份有限公司终于推翻了原来的协议，重新签订了《岗厦河园片区改造项目合作协议》。协议规定，金地大百汇公司对岗厦东、西片区进行开发，并以住宅用地每平方米 1.28 万、商业用地 2.38 万元的“天价”标准向岗厦村民给付拆迁赔偿。高额的拆迁赔偿造就了岗厦村的千万富翁，乃至亿万富翁。这个被誉为“文天祥后人”的小村落从前不曾因其祖荫而成名，却终于凭借宗族的力量成为亿万富翁的造富基地，以石破天惊的阵势，在当下社会中带领人们重温了“会哭的孩子有奶吃”的俗谚。岗厦村也开启了都市村民与政府博弈的新思维，在旧城改造的进程中，岗厦村的追随者一直不绝如缕，由此引发关于“高额拆迁引起虚高房价”等等的争议。岗厦文氏宗族恰如亚马逊雨林中的那只蝴蝶，只是偶尔挥动了翅膀，却不曾想引发了大国中的一场龙卷风。

然而吊诡的是，在岗厦村的“造富神话”被狂热的人们争相传诵、仿效的同时，曾经翻手为云覆手为雨，一手打造这一财富神话的文氏宗族，却又悄然隐居幕后，重新成为一种“看不见”的力量，悄无声息地影响着这都市的走向。弗里德曼（Maurice Freedman）曾认为，宗族是一种具有自治能力的权力构成。人们也倾向于认为，这种宗族权力已然在现代都市化进程中消耗殆尽。然而岗厦文氏宗族的三部曲却告诉我们，即使在最现代化的大都会中，古老的宗族仍然值得我们重视，它们在都市中并没有消失，只是以一种“看不见”的形式隐秘地存在。

11

发生地

严欣然

“深双”在这里

一切都走远了呀。

无论你是从南面走到北面，还是从北面走到南面，山体和建筑都会在步伐中缩减成某条巨线或层点，人形也在变异，车辆则取决于流速，一切都会走远的，在这个时空的舞台之上。

中心区像卷轴，平面式的，颇为舒展，一字铺排开来，但又可以绵延通达下去。在自然的领地，空比满更丰富。一个空荡荡的地方，才可以住满了想象。那么城市呢，划定边界当然更像是地图学者间数字的爱好。建筑是有明显的“边界”的，但城市应该更姿态摇曳。

图｜深圳城市／建筑双年展组织委员会办公室

南方已经出汗了。

夏天的深圳，地面会有接近 40 摄氏度的高温，广场上空空如也，烈日下人们都钻进了建筑之内。腾出的地像被晒出了谷子般的光芒，玻璃的幕墙映射出萎靡的倒影。在南方，内外之间，会有着一种温度的边界。

墙当然还是建筑最重要的边界，在以前，不仅能够在视觉上遮挡住视线，它的存在还可以创造出高质量的内部空间。至于内与外的交流，全凭门廊所见，像一个漏斗锁住了目光。

但现在当然是不一样了，现代都市里的玻璃幕墙，不仅给了内部空间一个视角，而且提供了更为广阔与独特的观景台。在顶楼的高层白领们，就像翻越了一座社会系的高山，可以避开一切明晃晃的障碍物，从而获得更为平面的世界。

在深南大道与益田路的交汇处，有 13 座商务大厦，俗称“十三姐妹楼”。周末的夜里，在卓越大厦加班的阿文，公司只剩下她在工作间里，颇为惊奇的是，外墙的灯突然亮了起来。一组组图形被点燃，带着光的轮廓成了新的边界，只在夜间出现。作为城市“夜景”的一部分，这种无人的光照由政府所承担。

边界为什么如此重要？因为这是一个从私人通向公共的话题。

原研哉（Kenya Hara）曾提到，城市的建成并不是天才设计师的功劳，相反，一座城市最终的样子是生活在其中的市民的大量欲望相互冲突的结果。很多人惊觉城市与自己息息相关的时候，往往是他们已经成为故事中的主角，他们在公共的空间里找到了私人的回忆。

无边角力

这是一个信息。

路线、边缘、区域、节点和目标。凯文·林奇给我们列出了“城市意象”的因素，地铁 3 号线、4 号线少年宫站 D 出口出来，会进入书城或商圈，从工作的格子间出来，或是寻找一个约会的场所。这些轨迹构成了你的私人日志，包括习惯、喜好、意外的发现以及一些机智的小秘密。从人的角度去考虑空间，就是一种叙事的尺度。不停地收集信息，也不停地发出信息。

2009 年的“深双”以“城市动员”为主题，置放在深圳中心区内举行；这些信息，经过街道、平台、广场、装置、雕塑、临时的建筑、马拉松式的论坛以及每一个参与者衣服的褶边传递开来；它提醒着我们拥有过这一切，也提醒着我们这一切已经消失了。

在接下来的 2011 年里，第四届“深双”邀请了首位非华人策展人泰伦斯·瑞莱（Terence Riley），同样将展场设置在福田中心区，试图以西方的语境及角度看待深圳这一特区城市的发展。

在城市里办一个建筑展，与切切实实的造城有着极大的反差。工具、模型、图纸、装置，注视这些立面的时候，往往有些陌生。与我们平日里行走街道的林荫，触摸的扶手电梯材质，搭乘交通工具的味道是不一致的，它们的维度已经变成了某种熟悉的感受。而展览给予的观看角度，又是另一个城市截面，一些熟悉但不以为然的，一些日常但又超越现实的，一些私人但又勾连着公共的经验法则。很难去定义这场没有真实“边界”，也无法确定谁是最终有效参与者的行为，我们只是去观看着，观看着，万一，开始想象呢？

“它旨在检测在一个普遍缺少中心力量、人心分化和组织涣散的时代，发动一场盛大有效的社会动员的可能性。”这是 2009 年“深双”策展人欧宁导论里的一句话。如何在这个高速发展的城市中心理解一个时代的“中心力量”，动员被忽视的参与可能会是一种激进的猜想。

“弱，建筑!”团队建造的作品《茧》
资料来源：深圳城市\建筑双年展组织委员会办公室

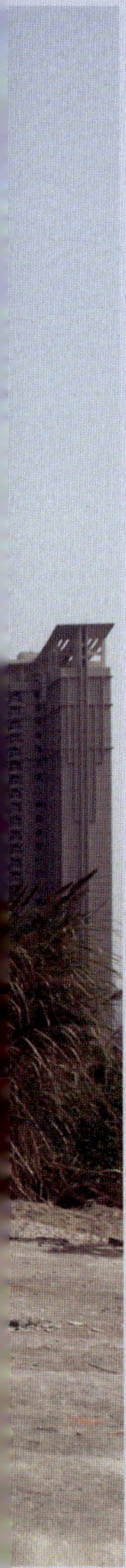

还乡之旅

比起策展人这个称谓，欧宁更像是一个城市说书人。几百页厚的“深双画册”在导论之后，有一章是关于策展叙事。粗暴的理解也算是编年史，但穿插的小故事读来让人兴致盎然，里面有着寻字解谜的线索：“在南方”“渔农考”“造城热”“重返街头”“游乐场”。

以市民中心为核心的展场上，围绕着欧宁所提出的章节，众多临时建筑或空间“拔地而起”。这是一种实践，从图纸阶段到实体的东西做出来。有趣的是，在现在看来，中心区就是中心区，在场的建筑无论是功能还是属性上，都承载着深圳政治、经济、文化的核心。在这个地方，“挑起”问题，展示问题，讨论问题，都默默给人一种兴奋的向往，这个城市的大动脉会跟随着这场展览一起颤动着。

但显然，在欧宁的对谈里，提议以深圳市民广场作为主场地，有其政治含义，广场的规划还有市民中心体现了一种新型政府的观念：服务民众、让公众参与的一种观念。从破土前的荒地，到2004年正式投入使用，2009年的市民中心仍然有着崭新光亮的外衣，但它的空间理念并没有完全使用起来。老百姓并不知道那里有一个市民广场，也没有充足利用，空荡荡的景致就完完全全成为“景致”而已。选址在这里的考量，欧宁既很实际也很诗意，希望老百姓能参与进来，希望从人类学和社会学的角度来研究城市，而不是仅仅从建筑学的角度。

由“弱，建筑！”建造的《茧》位于颓废已久的建筑废料垃圾堆，秋芒与漫草成了自然孕育场所，基地后方是深圳建筑工人的工棚，周边则是深圳市人民政府和摩天大楼群。现在时与完成时同处一个空间之内，让这个外形由竹子划片镂空编织而成的作品宛如时光虫洞，只用几天“茧”就出现，都市的速度，民艺的血液，揉合在几天里，一个“茧”状的建筑就拔地而起了。在双年展开幕之前，“茧”已经预先举办了建筑随谈、读诗会、啤酒烤肉会以及地下乐团的演出。夜空下的“茧”蠢蠢欲动，破茧而出了诗意的都市。

作为这届双年展重要的组成部分，2009 年 12 月 22 日，在深圳市民中心，著名建筑师雷姆·库哈斯和著名策展人汉斯·乌尔里希·奥布里斯特（Hans Ulrich Obrist）主持了一场长达 8 小时的马拉松对话活动。在这 8 小时里，30 位大中华地区的政策制定者、企业家、经济学家、艺术家、建筑师、媒体工作者、智库成员和社会行动者等成为“领跑人”，通过对话去探讨一系列问题。

“中国怎么思想?”“是什么形成了今日中国的局面?”“中国将往何处?”这些问题就像 5 千米、10 千米、20 千米的标杆，只不过是用不同维度去靠近了。但与马拉松一样，所有这些涌动的知识智慧、思想火花，通通都是过程，是这个空间会必然消失但自由精彩的气韵。

最终的展览呈现出一种丰富的理念，有实践也有想象，有围观也有参与，人来人往之间，“双年展”所讨论的话题，已经与这个城市居民发生了联系。怎么与世界同步呢，你要到处溜达一下，到处都是世界的局部。这些全球化的碎片里，会长出一丝一缕的惊奇。

2009 年开幕，2010 年 1 月 23 日展览正式结束。城市的展场虽然没有边界，但有时限。按照惯例，展品将在展览结束后正式撤离。

“这些作品应该保留，这也是吸引我们来深圳旅游的一个重要原因。”为了观看双年展作品，韩美华特地从上海赶到深圳。市民小朱则认为，在单调的停车场里，一组壁画，能给人以视觉美感，让人心情愉快。

站在公共区域的这些作品，距离离场还有一段时间，半年多的时间里，这些“城市闯入者”成为行人驻足的焦点，成为好奇的议论对象，成为“不妨试一下”的空间。是这些身份让它们不仅仅是一件件展品，不仅仅是一个个临时的建筑，讨论展品去留的问题有很多方向。

在展览前，双年展组委会办公室与市民中心地下停车场的相关管理机构达成了协议。在展出期间，不能破坏建筑物的本体结构，不能在梁上挂超重的东西，展览结束后，该区域需恢复其本来样貌。也就意味着，位于地下停车场的 5 幅壁画，将不复存在。

2009年“深双”参展作品《双喜》(囍)，由法国的建筑工作室 Bureau des Mésarchitectures 设计，他们的艺术实践既关注个人身体与大多数之间的重合，也意识到主体介入特定时空时即被物质化和社会化的事实。此次在深圳的参展项目《双喜》作为对物质社会的回应，旨在增加公共空间的活力。通过与作品互动，挑战自我，两名参观者可以一同获取关于空间的新体验：一种空灵感，世界变得轻盈，对外部世界的感知又重新聚拢。这种混合体被称为“城市复苏装置”，只有身体的存在才能赋予其意义。《双喜》能够使人们寻获一种珍贵的集体经验，即生命的轻盈与脆弱

——碧翠斯·盖里里

资料来源：深圳城市\建筑双年展组织委员会办公室

《超轻村》项目邀请项目之一，业余建筑事务所（王澍与陆文宇）通过装置将广场从严格意义上的纪念性空间转换为有潜力的功能空间

资料来源：深圳城市\建筑双年展组织委员会办公室

荆棘果实

2011 年的“深双”策展人是泰伦斯·瑞莱，主题植根于自 2005 年以来的活动构想，以“城市创造”为主题。

荆棘与果实一起生长，其根源取决于人性。就像我们在前几节上探讨的，你会希望你的街道安全、有令人留恋的气氛与回眸的美；广场多元，没有中心舞台，但随时可以进入与参与；公园能为我们留下一点寂静，用人的尺度丈量城市；是这些期待让我们对城市抱有热情，相信它会有生命力，而不是任何一种文化时髦的合集。

开幕的那天夜晚，由 4000 个安全锥搭建铺排的临时艺术装置《万花阵》在市民中心的广场上展出，明亮的橙色栖息在城市的心脏，参与及观赏的人，也不再是它曾经的来历——帝王这一权利的主体。所有安全锥都被缠上反光胶带，散发出警示的微光，100 个旱冰表演者身着镶有反光胶带的黑色衣服进入迷宫内，光与人创造出了城市夜晚的另一幅图景，顺流而下另一种好奇。

竖立在市民广场中心的 6 组《超轻村》实验性建筑，在广场上则以一种“反纪念碑”的形式暂存着，比起市民中心那厚重磅礴的“大鹏”屋顶，这些轻盈的空间像飘来的种子。午休的时候，工人会躲进去休息，他们未必了解这些模型的隐喻，却分享过这些空间的便利。重要的是，这些建筑与这个空间产生了呼应，与这里的市民开始产生故事，它们会在某一天消失，正如它们曾在某一天出现过一样，这是一场野人的魔术。

2011 年的双城双年展吸引了约 15 万观众到场参观。闭幕后，有 10—12 件展品留在深圳的广场、公园、公共建筑大厅以及艺术机构的收藏空间中继续展出。泰伦斯坚持自己并非学院派，他了解城市，喜欢当时仍属于中心区的罗湖区的市井气息。某种程度上，展览是“昙花一现”最好的代名词，所有精彩都只能成为文献中的一隅的画面。但你如果相信精神是有果实的，那么请放心，它们都被参观的人摘取了，发酵出每个人的城市味道。

策展城市

除了目睹深圳这个城市的生长与演变，“深双”通过输出不同维度的作品，聚焦着这个城市与建筑的思辨。2009年和2011年的“深双”仍像空降的“问号”出现在城市的中心，那些非日常所见的，具有实用机能的建筑刺激着每个人到访者的内心。展览作为一种媒介，最复杂的地方恰恰不在于它的形式与意义，而是参与者的理解与想象，“目光所在”的确是一个展览最值得期待的地方。

黄伟文在《看不见的城市：深双十年九面》中提到了“策展城市”。这个机制宏大又具体，城市的本体如此巨大，但所涉及的问题又是细微之极。“策展不仅针对城市案例、文献和研究，也会直接针对城市具体项目和需求，这是城市策展的延伸应用。”

2009年与2011年“深双”将福田中心区作为重要的主展场，这固然是一次了不起的机会，除了将中心区转化为一个实验场，用未来的目光创作出了一大批作品，也体现了深圳这一心脏地带的搏动与自由。

当有一天有人说，“我太羡慕深圳了”，同时，也有人说，“我太讨厌深圳了”，可能，这个时候，这个城市才是世界的。它兼具了复杂与矛盾，所有的故事都不是单一的模式，而是摇摆的可悲可喜。发生与发现这一切时，城市才有了纹理清晰的血肉与灵魂。

“深双”实验室

什么才是实验的？它一定是“不合时宜”的。

高速进化的城市，是最先接纳公共艺术的地方。人们开始从基础的生存价值中迈出高调的步子，尝试去开发更多的生活感受与体验。城市的差异来自于其独一无二的魅力源头 —— 一种看而不见的气质。

对于城市而言，“深双”就是一个尚有余力的幸运儿，在硬生生的城市规划与不可调解的利益角力中，组织一场实验。这些作品显然不是为成熟的机制所创造的，但它带来的互动效应却是无限的。最诡秘的是，这些作品的暂时性，使得如今只能从图片与叙述中窥视其已经失效的“真身”，这种观看历史的方式，又带有了一种延时的想象力。

公共艺术作品与普通的公共设施的最大不同之处，是不定义或无法定义它的使用法则。从作品主题的确立、创作到落成，公民只能参与到最后的一个步骤，无论是观看、触碰还是“使用”，这些行为都是自由的，这种参与形式本来就具有实验性。

正如勒内·托姆（Rene Thom）所言：预见并不代表着理解。“深双”所带来的先验设计，可能是一部从未来溯源而回的提词机器，藏住了这个城市记忆的岛群。梦想固然不是几何性质的，不是可以通过尺寸去测绘与精算，但拥有更具想象力的城市则是完全可以去期待的。

“深双”为这个城市提供了在时间地图上关于创造力的证据。福田中心区的策展行为、艺术作品以及公民参与，更像一则时刻更新的导读，时间是最好的藏品，他们会在未来唤醒我们的城市。

都市地景：
来不及的艺术品

在这里谈论的所有作品，都是带有时效性的，除却当初有运气能够亲达现场去体验，一切都显得如此来不及了。有趣的是，深圳这座城市，以“时间就是生命”来起誓的价值，透过奇迹般的效率工厂浇筑出这个世界惊奇，“来不及”应该是最好的注解。

另一方面，生活在这个城市里的人口在2016年年末已经达到1190万，流动人口在800万左右。人来人往之间，在这个充满了各种酵母的容器里，融合与肢解同样剧烈。对于大众而言，记忆除了成为谈资，极少有机会进入可被留存的记录里，但幸好我们有了社交网络，日常被打散了，还能以蒲公英的姿态漂游在只言片语中。

与世界上所有的城市一样，建造丰碑，树立符号，中心区作为一个城市的“中心”，需要别人记住图腾。而在这个心脏方向开始一场维持三个月的展览，吸引世界的目光，它还需要什么呢？

建筑、艺术展览的出现，除了调动了参与性、观者与使用者的自由选择，一系列“临时”建筑的出现，某种程度，恰似生长起来的都市地景，成为城市即兴与灵活的新空间。

城市本来就是一所人民的宫殿，秘道则不断被挖掘和埋没。

深圳是个临海的城市。自然与都市如何模糊了边界，唯有这滚滚近40年间的造城热知道它的走向。沙笼的灵感来自于中国传统哲学中与自然和谐相处的道理，竹子编制而成的海螺状装置从形意中表达人与自然共存的经验。未来与传统一定不是反义词，对于建筑而言，挖掘过去，想象未来，所有的设计都必须参与到实践之中。

“让人可以聚会、放松、交流”，灵动的海螺形式向上延伸，曲线围合成即兴演出和集会的圆形剧场。装置里还散布着自然石材制成的长椅，在装置中感受并与自然交流。

《万花阵》《超轻村》《沙笼》这些作品都曾经成为过中心区内异军突起般的景观，

2011 年深港城市\建筑双城双年展开幕式作品《万花阵》表演现场
资料来源：深圳城市\建筑双年展组织委员会办公室

变形地“侵占”着这个公共平台，使乏味得到稍许解放，即便这种解放是暂时的，甚至效率低下。我们在仅存的微博讨论上看到了一些大众当时的想法：

“由 John Bennett 和 Gustavo Bonevardi 设计的《万花阵 China Builds》在深圳人民广场，非常好奇其创作初衷是打破安全锥本性规则，变成有趣的玩具一样的物品，但城市广场的巨大空白生命力是否真能邀请到人参与到‘玩’？”（梅阿春）

“此番市民中心 @ 深港双城双年展 展场的雪糕筒《万花阵》虽不得其意，但视觉冲击比较深刻。其余受到关注更多的是《超轻村》装置艺术的可参与性，一旦人参与其中了，这个艺术品才完整了，特别的是，三朵西班牙的‘红云’颇为惹眼与快乐 ~~”（ekong2000）

赋予意象与说明是作品的最基本要义，但大部分“碰巧”到达的观众，能否感知到作品背后的意义和态度，则值得深思。比起创作出让人惊奇与好奇的作品，创造出更多的机会让大众去感受，反而更值得推崇。

未来城邦：

超现实主义乐园

一座城可以拥有很多种名字，创客之都、设计之都、花园城市、图书馆之城，甚至是志愿者之城，但真正的名字会停在哪里？地图册上抑或行政区内，生活在此地的居民未必想要执着于这些，但对“家园”与“乐土”存有期待，则是每一个居民都会闪过的念头。

20 世纪中叶，柯布西耶宣布了“街道的死亡”，传统的城市被列入步履蹒跚的老人阵列，城市不再需要步行的速度，车速成为众多现代城市规划的指导标准。高速带来一种超越时间的便利，但被割裂的社区失去了具有温度的交流步道，区域间宛如孤岛，从这个地铁口进入，可以直抵另一空间的腹地，但那些漫游的机会却就这样蒸发了。

那么未来呢，那个指日可待的未来呢？是真的像当前的科幻大片一样吗，所有信息都漂浮在空中，所有的人都能重叠行走，星辰是最大的时钟，那些穿云入梦的建筑，到底是实现了无边际的通达，还是无穷尽的分裂呢？

北川富朗（Fram Kitagawa）在谈及全球化艺术时提到，“角质化、平均化的人类生理，被信息追赶，社会只偏爱具有实际功能的执行器官。与之相对，艺术就像人类诞生时的氧气那样在浮动、消逝，像摇晃中留下的精神轨迹”。

2009 的“深双”，藤本壮介（Sou Fujimoto）交出了一组《行走的椅子》，这个比喻很简单，我们把这个城市当家，日用的家具是亲密的爱人，有各自的脾气与个性。《行走的椅子》这个作品看上去就是一群在户外走动、聚集的人，出现在深圳市民中心旁边的公园里。这种不可思议诱使你去思索个中的乐趣，比如如果从这样的高度观察深圳中心区的天际线，一定会获得不同的感受吧。

《广场上的大脚印》则由 MAD 建筑事务所的创建人马岩松设计，用柔软的粉红色防水材料制作的“大脚印”被安置在市民中心东北广场上。林荫之下的粉红触角像泄漏出来的热力波，吸引着民众的停留。小孩子在起伏的坡地上翻滚游戏，也有情侣在角落依偎休息。作为一个中心地带，大脚印希望能连接自然与城市、公共与私人、过去与未来。足迹即历史，而我们能在这里相遇，已经是最好的一次参与。

“深双”所带来的这些作品都宛如我们发往未来的遗迹，是那艘机械怪物下的蛋，它们怪异、不合常理，但又总与我们息息相关，绿地、广场、家具、步伐，在那些最日常的场景里给予另一种诠释城市的奇迹。所有的熟悉的都会成为陌生，建筑落成之后，这些看起来“不变”的空间里，其实承载众多已经消失的叙事，但它们同样公平地拥有过这些街道、屋檐与观众。

藤本壮介《行走的椅子》
资料来源：深圳城市\建筑双年展组织委员会办公室

规划、使用和交往的空间，方案和标尺给城市设计的眼光。在阿兰·雅格布斯和唐纳德·阿普尔亚德（Donald Appleyard）的设计宣言里，“不是每件事情必须像超市的货架一样分门别类，一座城市应该就像一个可以阅读的故事。人们会忽视那些过于明显的事物，在面对复杂性时又不知所措，因此城市的故事应以一种迷人甚至刺激的方式呈现”。

美术馆、博物馆、音乐厅，比起这些以更专业工具出现的固定建筑载体，这两届“深双”的出现，让中心区成为一个临时却又投入的现场，作品、观众、当时的此情此景，皆以一种“错过式”的历史停在页面里，巨大的舞台与表演，和日常的社区与路过，形成了颇为梦幻的反差。这是一种遗憾，也是一种幸运，这个缺少定义的平台，这些见缝插针的街道空间，如果能够持续地开始一次又一次文化艺术展演及活动，期待更多的发生，它们将不再是中心区建筑物身后苍白的背景。

12

严欣然

游乐场

插画 — kzq

故事拯救城市

你的自负能撼动一个城市吗？如果不能，请讲一个故事。

所有城市都需要一个寓言。诚如疯狂的纽约里，来历不明的球体与费尼斯的迷宫，而东京又像长了机翼的能剧，随处都能扯出一场壮观的景色。更不要说那个由卡尔维诺（Italo Calvino）编造的，横亘在所有城市人头上的绮梦。马可·波罗（Marco Polo）向鞑靼人的皇帝忽必烈汗汇报的旅行叙事里，通通都是永远在别处的空间。

“方案不是政治；方案是理性和诗意的纪念碑；它在可能性的迷雾中慢慢现身。”《光辉城市》下的天真主义布道者，勒·柯布西耶成为现代城市的主治医师，大刀阔斧地开始了城市的实验。方案能解决，甚至是“吞噬”一切。

想象最终成为城市规划者最后一樽解药，所有被掩埋的企图和缺憾，都能在想象里重新游历一番。

而像《北京折叠》里垃圾工老刀面对的无物之阵，是思考者以另一种姿态开始书写城市的重影。科幻影像、科幻小说，有让我们体验“入睡”的日常感，好的坏的奇迹，如何使人们从平淡生活中醒来。如梦游一样逆来顺受，之后又是对命运的恐惧。

这些故事被称为艺术作品， 大片大片失效或延时的轨道输送着一个个明日之诗。同样的东西不是新知，只是好奇，不是每一个城市都能拥有这种想象，它们挖掘自那些张力、阻力与原力共存的建筑与空间内，是人与地摩擦出的特殊技艺。

叫“渔村”也好，叫“一个圈”也罢，文化就是一种仪式。突然就37岁了，2017年的8月26日，微信朋友圈里开始有“城市蛋糕”这样的礼物出现。这个城市如此年轻，却极具生命的张力，一种近乎撕裂式的生长，建筑深陷规模的运动里，拔高、伸长，假设自己是豌豆公主的藤蔓，前来的人只能头晕目眩地仰望。

“下海人回蓄货栈，巡盐军集哨船多。”这个曾经枕山面海，以盐为生的小城，是套用“下海”这个名词最生动的地方。改革开放以来，一个新的自由的空间正在出现，那些离场的人来到深圳，用“下海”的名义开始了新生。早期的潮水咸涩，但涌动着时代的心跳声。一路刨根究底，一路支离破碎，建设与拆卸慢慢成为这十来年的圆舞曲，你到过城市吗，你到过市中心吗？到达本来就是一场高潮的开始。

太多项目都流产了，太多规则被遗弃了，太多图纸被丢掉了，太多人被忽视了，批评一点都不难，难的是吞咽下去又吐出来的那个梦呀。

写了整整一个季节，夏天重返街头的时候，市民中心的巨翼下被暑期的学生们占领着。身着汉服Cosplay的小主们，在摩天巨鳄的阴影下闲庭信步，宛如一场搭乘超新星而来的穿越之旅。这兴许是城市里，最野生的浪漫了。

时代本来就是一个废墟。城市需要一个故事。

目光之城

排除众生之后，这个城市没有任何特点。

建筑承载了这个城市的符号、风格与形象，招摇仰望的规划里，寄予过一个时代的热望。一个读书的小男孩，他坐在书架旁边，夏天可以花掉 3 个小时在这里，趣味性是重要的，面对水滴一样的单词和童话，他明日的地图里，还会有这个地方。

一个空间，只有使用，才能传达这个城市的宣言。

决策者、规划者、设计者、建造者，一个城市多半归功于这些人的想入非非，我们可以罗列出这些名字，李名仪、矶崎新、黑川纪章 ……20 世纪 90 年代的中心区画册里，莲花山的山脉仍然缱绻，旧世界的土坯上标注着不同的色块，集合成了这片大地最原初的想象。分割出来的工整界线上，中心商务区、行政区、文化设施、绿化服务……这些方格被梳理出各自的职能与欲望，站在这块处女地之上，所有的目光都面向了未来。不能免俗地，画册里有着各类型的应用场景，挥斥方遒的圆桌会议，林荫绿道上的大步过客，一股热腾腾的效率流出画面，以期吸引投资者、建造者的焦点。国际与日常的影像，通通都被塞进了这颗时间胶囊里，未来决然不是一场智者的杜撰游戏。

中银花园、儿童医院、邮电信息枢纽中心、华艺大厦、昌盛大厦、大中华国际交易广场、国资大厦，当初的小册里，罗列了 7 项已经在建的项目。5 至 10 年的战略设想

与重点计划里，包含了市政厅、“水晶岛”、中央绿化带、社区购物公园等，册子最后有一句沸腾的话：计划 1999 年竣工，以便在这里举行盛典，迎接深圳 21 世纪的到来。

时至今日，回顾完中心区那些“开始”的传奇后，我们反而从未来时返航到了现在时，中心区有其程序与系统，车流、人流、空中步道或地下连廊，像一颗已被准确发射的卫星，它的轨迹里有着千篇一律的风景。

纽约是永不打烊的，纽约客身上有种世界公民的自豪，没有哪个城市能有如此鲜活又变幻的市民徽章。同样作为移民城市的深圳，开始只是中国的一个漩涡，无数拓荒者带着共性与偏异到来，有着一句梦呓——“来了就是深圳人”。

城市当然是一个人与物的巨大集合，不偏不倚地发生着新鲜又暧昧的文化隐喻。目光集于世界与街道，贯穿过时代与分秒，如果有一种炼金术，发生在离你不远的地方，我们当然希望，一座城市最好的时刻，是它保持着那些微酸的发酵，随时为不速之客预备着新的故事。

“一切事物自会在街头找到自己的用途。”

通勤者的讯号

去往别处是通勤者犯规的信号，地铁是他们最亲密的幽灵列车。在手提包与面包之间需要保持好振幅，才能安全抵达。通勤者就像定时定点的潮汐，涌入这个城市的心脏。

通道是一场有起点与终点的赛事，步行是唯一的交通工具。盖尔建筑师事务行的奠基人扬·盖尔（Jan Gehl）的观察表明，人们走捷径的愿望是非常执着的。中心区 8 点到 9 点的通勤者们，大多服务于中心区的商务楼宇，他们从张合的地铁车厢起跑，用私密的线路串联起未经“设计”的空间经验。

CBD 中心区的概念最早产生于 1923 年的美国，当时定义为“商业会聚之处”。集中的政治、经济、文化能量推挤出褶皱一般的高密度桂冠。面对纽约东边的曼哈顿金融区高楼，唐克扬写道：有思想的“头脑”往往密致而集中，在它的坚实的外壳下面聚成块面，而“散漫”的肢体则时时划出纷乱运动的轨迹。

福田中心区曾被评为中国颜值最高的十大 CBD 之一。以深南大道分界的南北两个片区内，南片区功能主要是以金融、贸易、信息、商业、零售为主的城市商务中心，占地约 521 万平方米。20 世纪 90 年代中期以政府为主导投资建设了投资大厦，而后“十三姐妹楼”作为第一批由市场主导集中投资建设的商务楼群加速生长，2010 年后各类金融机构“总部大厦”的入场，使天际线成为目光所及，随时都可出版一份“在云端”的地图集。

现在的福田中心区内，集中了约 60 个写字楼项目，这些雄心勃勃的房间内收纳了这个城市普通人命运的企图，加班与加薪未必拥有线性等比，但通勤者的距离与风景，正是从这些建筑的框架内外、通道之间得以实现，挣扎起床后的晨间速跑，凌晨半夜的凋零星空，他们目睹了这个城市晨与昏的一面。

至于坐镇在中轴线南端尾部的会展中心，像平板一样肢解开来的商务空间，这个深圳市最大的单体建筑，占地 22 万平方米，是 CBD 内的标志性建筑。一年内接连举办

100 多场不同主题的会展，当中牵涉的参与者临时却庞大，他们拥有着通勤者一样的时差，大步地迈过空中的连廊阶梯与斑马线，也有从地下商场出口仰望。每一天，天都很蓝，办会展的日子里，天空一般会比较湛蓝。

而新落成的广深港高铁深圳福田站是亚洲最大的地下火车站，位于中心区的益田路与深南大道的相交处。这里有着更大一批辐射式的通勤者，他们栖息在珠三角港澳等周边地区，每个周末往返于两地间，工作与生活的即时转移，效率被路上风景放大。城市不再是一个需要扎根的地方，恰恰相反，等到这种吞吐庞大的机械兽不断进化后，出发与到达就是通勤者移形换影的隐术。

福田站地下一层为换乘大厅，设置了 16 个旅客入口；地下二层为站厅层和候车大厅，共设置进站检票口 4 个，候车椅 1200 多张，可供 3000 名旅客同时候车；地下三层为站台层，共设 8 条股道 4 个站台。这些惊人的数字，也不及它背后涌动着来自四方的庞大人流。城市不是孤岛，通过交通工具与其他城市产生联系，会带动人口及物流的迁徙。定义一个城市是否是典型的交通枢纽城市，需要从公路、铁路、航空等方面研究城市的联系度。这则以福田站为热点的漫射式宣言，让中心区的中心影响力步步扩大，只负责行走的通勤者，就这样走到了城市看不见的动脉里。

垂直与纵横间，如果有那么一种传送带，接替那些像胶管一样埋在地底的通道，通勤者是不是拥有另一种效率的神话呢？走在人流当中，唯有建筑是你可遇的停靠。

骑行者的热恋

属于深圳的时间是奢侈的。

效率面前，其实人人并不平等。拥有工具的人，是能快人一步的，更利索、更方便、更悠然自得地创造奇迹。但现代城市需要所有人的协力，才能让这个涡轮加速旋转，带来更多的奇怪物语，以及元件组合的秩序。华强北的神话故事，很长时间给深圳带来了一个山寨的机械形象，工厂大门的剧照也几乎是春天里另一种美的定义。抛弃低级、抛弃浪费、抛弃似是而非，它终将会创造出美来。

2016年底，色彩绚烂的各品牌共享单车投放在市区内，从赤橙到亮黄，湖蓝与草绿，甚至连闪闪金光和七彩霓虹都上架了。除了集中在地铁出入口等通勤处，形成大规模的视觉竞争语言外，闲散在各个角落的共享单车，以一种出其不意的撞见法则，重新侵略了城市的各个角落。单车这一颇为复古的交通工具类目，因为有了"共享"一词，穿越成为城市中新时代的效率基因。

共享算是分享吗？契约条件下的分秒纪实，在纵横交错的速度里，终于找到某种狐狸一样的故事，大家随遇而安，随处而停，把这些记号抛在花圃、天桥、后厨的过道。然后另一个人拾起了，顺流而下，去往别处。

第三方数据研究机构比达咨询发布的《2016中国共享单车市场研究报告》显示，截至2016年年底，中国共享单车市场整体用户数量已达到1886万，预计2017年，共享单车市场用户规模将继续保持大幅增长，年底将达5000万用户规模。而深圳的共享单车已经超过53万辆，注册用户超1052万人。

夜里，工作人员会开着货车进入城市的腹地，一辆一辆地将共享单车搬至路边的停放处，那些四散的水珠又被收集回来，满当当地迎接着黎明的车铃。所有城市都有这种畸恋，并不单单是深圳。

现代建筑讲究公平正义，在勒·柯布西耶布道的精确性下，规划者四处寻找“人民的房子”，设计者则开始向魔方发出问候。中心区的建筑，聪明且智性地生长起来，不知不觉地占据了街区的主轴，道路的方向像光粒子一样漫射开来。这些步道对于行人而言仍然是太长了，所有巨人一样的高楼在视线里无限接近，却总是无法到达。一切都是近观的，一切都是局部。单车的妙义在于它既能超越步行速度，又能以一种低速疾飞的快感流过路面，将人释放于机械之外，周遭的环境、人声、闪避的障碍物，像划行至孤岛边缘的七彩行舟，人行道突然就拥挤起来了。

单车是出现了，以一种大规模爆发式的入侵占领了城市大部分的视线，但真正的单车专用道呢？在通勤地带使用最频繁的区域，却几乎没有，更不要说那些无法逾越的天桥。匍匐的攀爬下，同时需要迎接那些“长了翼的”快递电动单车，这又是另一种更高级的城市交通生物。他们同样拥有团队与视觉的区隔，聚在某个店家前的时候，各自响亮地报号，然后飞驰在各个交通灯间。

破碎总是羞耻的，但它们会经常地出现在街头巷尾。被堆积、被毁坏的共享单车，正在失去被打开的机会。这些残骸与时代的经济有关，一个不断投入与投放“物件”的都市里，高效高速地拥有了使用者，却缺少一条规划好的界限，一片使用基地。单车后座挂着“免费使用”的标语，这则宣言是昂贵的，它所寄予的空间远远不止于此。

至于天气，这种变幻莫测的城市访客，对单车的影响颇大。季风来临的日子，毫无防备的暴雨，通通截断了使用者的需求，孤冷却庞大地集聚在街道上，听天由命是单车们唯一的做法了。南方的夏天，沿海的深圳时常迎来名号各一的台风，“梅花”“洛克”“苗柏”“天鸽”……这些天外的来客们，来不及问好，就已经打乱了街道的秩序。

城市气候是场移形换影的学问，在探讨“热岛”“干岛”“湿岛”以及日照等常见问题时，人的感受更直观且坦诚。而每次被台风暴雨洗礼之后的共享单车呢？机械之躯下的残骸，带着莫名的人类骄傲。这看起来是个“幸运”的时代，大众朝着新鲜便利的商业成就出发，像理想小说中的剧场一样，无产者拥有着最大的参与权。

张望者的聚会

怀特（William H. Whyte）在《小城市空间的社会生活》里写到，“广场有种回眸的美”。相遇、停留、前行，交织着一种“因人而异”的网络与热点，带着温度流过广场。人的移动到底意味着什么？逃离抑或聚集，围拢抑或四散，每个人的目的不同，但结果是一致的，就是他们来到了这里。说到底，这种“回眸之美”恰恰是说明了一种禁不住的吸引力，它不是你必不可少的理由，但一定是你情难自禁的向往。

中轴线上，就有几个让人“忍不住”停下来的地方，连接莲花山的二层平台（仪式公园），有着一个适合“左右张望”的位置，人在你面前穿梭，或快或慢，你会跟随他们的脚步，一次又一次地像复印机一样，扫描着中轴线上两旁的景观。在这种热络里，奇景的陌生很快就会消失，哪栋楼的灯灭了，哪里飞起了无人机，这些细碎的日常像苔藓，丰荣着城市的生态系统。

从平台上，不时可以听到市民广场传来的街头音乐。不存在中心的舞台，四散在广场上的表演者，都是凭借着自我的技艺来吸引观众的流动。事实上，观众的围聚和流动，因为没有规律，反而更让人好奇。他们只是一股纯粹遵循引力的潮水，时涌时退，有着十分自然的韵律。

2009 年的时候，市民广场有了第一支街头乐队，随后越来越多的街头艺人参与其中。

显然，这个场所的使用，是被市民所开发的。这种自发性的开发，某种程度上，就是一种来自公民的规划，甚至给了政府一些灵感。

第一次考核时，福田街头演艺联盟准备了 72 个“街头艺人证”，除了 4 席空缺，其他获得资格证的人，分为了表演艺术、视觉艺术和创意工艺三大门类。2015 年的时候，深圳成为内地首个对街头艺人实行“资格准入、持证上岗”规范管理的城市。

阳春白雪，在广场的西侧，则是另一个纬度的艺术。深圳音乐厅由日本建筑大师矶崎新先生主持设计，外墙采用“黄红青白黑”五色，蕴含象征中国传统五行的理念。这个亮晶晶的建筑主体包裹着代表着品味与创作的精装常识，出口处的平台远离喧闹的广场，又刚好可以遥望中轴线上起伏的天际线。入场和散场的人，像气泡一样游荡于音乐厅的周围。充满智性的观众，会沿街讨论起刚才的演奏，言论散落在街区上，游向四方。

城市并没有聚会的边缘，所有的同盟都是向心而立，喷着冷气的大型购物商场直接咀嚼了大部分的市民。绿色有其沉睡的本领，匍匐在街头巷尾，目光遗忘之处，反而会有它们的身影。

捕味者的厨房

在没有白昼的地下美食街，味道就像一颗软月亮。

作为 1 号、3 号、4 号线交汇的中点，“连城新天地”上的一段路，宛如一个没有边界的地下厨房，以食色引诱着四面八方的人流。在陆上看来，交纵的马路和车流，有序且平稳地操作着他们的机械仪式，而地下的眼与口正在进行着热火朝天的买卖与交易。

日式炸猪扒、四川火锅、港式菠萝包，或是星洲米饭，600 多米的通道上，味蕾起伏，这些外来的原味藏在了这条中轴线的地下脉搏，建立起一套平易近人的假日模式。

地下街最早出现在 20 世纪 30 年代的日本，地上繁华的商业区将人扭成一团，地下却仍然是沉睡的港湾。开发者里有巨硕的野心，天空之城是必要的，那么地下堡垒同样需要建造。这个乐园依附着地铁沿线与地下人行道开始建立，首先是那些大而广的广告画面，每日被强迫复读的词组，后来是那些显形的立面风景，一家家商业门店开始揽客，热卖出纷繁复杂的味道。

19 个地下出入口，周边是福田 COCO Park、中心城广场、皇庭广场等多座购物中心，十余座甲 A 级写字楼直接连通，虫洞一样的接口伸往了不同内心的端倪。工作日里的连城新天地，晚间时分达到人流的峰值，通勤者们解开领口，换上轻松的表情，没有什么比这一刻滋味更让人流连忘返，它是这些程序里渗入皮囊的换日线，带着醉与辛辣。

越隔越小的铺位，却拥有着 100% 的出租率。最好是没有座位的，大家即买即走，随时迎来下一波熙熙攘攘的点单。与传统意义上的小店不一样，食物虽然是快速精简的风味，灼目的风格化装潢则给予了设计师一个概念化的比武擂台，“形象”意味着一切。这些空间像一个视觉陷阱，目光被引诱前来，胃才随后驾到。

下了班，散了场，流入这里的都市捕味者，得以在摩天大楼之下找到喘息的权利。除了食物，10 分钟的化妆服务，50 元一次的手工体验，甚至是位于转角处的布袋戏展览，没有人能预测出这里的日升日落，这些渺小却丰容的地下苔藓，照亮着这个城市兴致勃勃的生命力。

如果迷恋夜色，微醺的味道集中在 COCO Park 的街头，过白天就是为了等黑夜，夜行动物们开始陆续出游，中心区变得暧昧与模糊，在醉与没醉的边界，难以找到秩序。万圣节、平安夜、新年倒数，这里是所有纪念日的收容所，一大批期待与时间打卡的观众寻味而至。与那些著名的人潮相拥的时代广场不一样，外表广阔的市民广场却并不承接这种狂欢，空荡荡的更像一则景观。

商业的景致就是一个消费的舞台，无论是地下街的味觉还是地上的声浪，它们拉长了光明，拉长了想象，拉长了斤斤计较的资本荣光。

重力者的马戏

摩天大厦造就了新的天空疆域，每天的高层电梯都是一次失重的游戏，开始时，你绝对没有想到自己会上瘾。

1980 年以前，深圳最高的建筑也只有 5 层，其余都是一二层的平房。20 层高的电子大厦在 1982 年竣工，成为当时深圳的第一高楼。1985 年，当时全国最高的建筑——深圳国际贸易中心大厦落成了，国际贸易中心大厦高 160 米，共 53 层，是第一座由中国人自己设计、施工和进行物业管理的超高层建筑。该建筑采用了独特的内外筒同时提升的“滑模”技术，创造了 3 天一层楼的“深圳技术”和“深圳速度”。

从 1981 年至 1987 年，在这 7 年间，140 栋 18 层以上的高层建筑在深圳拔地而起，其中超高层建筑有 66 栋。中国人对“高处不胜寒”的忧虑恐惧已然慢慢被现代主义的摩天巨翼所抚平。直冲云霄的快感里，更上一层楼，更快地建设，都变成了这个热火朝天的重力乐园里，燃烧天际的旨意。

这样的进程没有停止，1990 年代开始，国际化的设计集团加入，城市建筑的个性变得饱满起来，造城热带来的表达欲，突突起飞。架空、立面装饰雕塑、倒锥体屋顶等，外在的建筑惊奇与内在的空间韵律成了 20 世纪的主旋律。要向世界靠拢，要用房子呼吸顶层的空气。

建筑如果是一种意志力的自觉体现，高空的秩序正在被建立，天空的疆域在拓张。在 21 世纪以后，成熟的福田中心区组建起了深圳的天际线：深圳电视中心（高 121.9 米）、深圳国际会议中心（高 218 米）、中国联通大厦（高 100 米）、安联大厦（高 159.8 米）、新世纪中心（高 195 米）、诺德中心（高 198 米）、深圳凤凰卫视大厦（高 109 米）、卓越时代广场（高 218 米）、卓越世纪中心（高 280 米）、深圳证券交易所（高 245.8 米）等。

这些模块蜂拥而至，承载了城市精英的日常空间，人看起来拥挤得分外熟络，但就诚如库哈斯所描述的都市模范曼哈顿一样：

游乐场

“曼哈顿的所有街区都莫分轩轾，刻意求同，单一街区内的突变只潜在地影响他者：理论上，每一街区如今都可以借由不可抗拒的人工合成，成为一块自在的‘飞地’。”

飞地，本意特指一种特殊的人文现象，指隶属于某一行政区管辖但不与本区毗连的土地。这些稀疏的边缘地带，如无人知晓的荒岛乐园。而在城市里，这些机械山丘后，散落的“自由”地下通道是流浪者的栖息地；又或是后厨迷人的大斜坡，午后横躺着疲乏的工人。街头巷尾正在消失，但飞地仍潜藏在楼宇的沟壑里。

在这些高楼的篇章里，真正的飞地或许不仅仅指代那些建筑边缘处的局部领地，那些引颈向上的摩天大厦中，电梯成为汇聚口，收集那些拥挤的人流，又将之送达每一个事不关己的楼层间。如果横向发展的屋宇让大家有了左邻右舍之分，那纵向飞越的摩天大厦，几乎不存在上下空间的交往，电梯口一打开，每一层都是“自在的飞地”。

外来游客习惯仰望惊叹，而使用者大多已习惯每天三四次的失重体验，这种日常表演都是城市故事里的小兵，建筑担当了出征的隧道，启动杠杆，人流成为躁动的弧线。城市早已不是一个平面化的地图集，不同的维度里，有着不同的身体。

散步者的野餐

散步是拥有侵略性的。

他们从这一刻涌向另一刻，毫无来由也毫无目的，直觉是街道上的恐怖分子，停驻与前行，是散步者的决定创作了一个城市关于人的景观。19世纪文学评论家罗斯金（John Ruskin）说，所有西方风景都可以按颜色划为四类：绿荫丰美的伊甸园风景，蓝色的为文明所染习的风景，灰色的狂野的蛮荒风景，或者是褐色的峻嶒不平的山景。

人文纪实类的图片为什么总是能吸引人的目光，必然是因为一个个故事不仅正在发生，也藏在了往事与想象里。相比之下，风景的图腾总是显得干涸又无趣，建筑的风貌再突出，没有人的互动，在取景器里也不过是一份呆板的布置。

福斯特（Norman Foster）喜欢用需求来丈量这个城市的尺度，他认为建筑事关需求——人们的需求。而这种需求，已经远远大于实用主义者的期许。“你如何丈量公园中婆娑的树影？你如何丈量不可见之物？你如何丈量空洞？丧失？记忆？你如何在生命和苏醒之间取得平衡？”这一连串的发问，带着天真的目光，为什么不呢？我们在这里发生的所有情感与共鸣，为什么不能丈量呢？

中心区的散步者，就像在搜罗被领养的公共空间。有时是橱窗式的消费展览，有时是屋檐下的翻转阶梯，有时是不知所措的巨型平台，有时是乔装打扮的空中花园。从一座建筑到达另一座建筑，也是大型的跳房子游戏。

社会是粗野的，是公园为我们留住一点寂静。

在黑川纪章的概念设计里，“城市尺度 / 人体尺度”是一个重要的理念，根据不同的空间层分解成更小的人体尺度。城市散步道，宛如一个宜人的篇章，人们在这里经过不同的空间和场所，设计中从莲花山到生态公园可以视为一条连续的散步道，仪式公园、市民中心、市政厅、购物公园、绿色的云。不同的人交会了，不同的人生也在交错着。

“难道世上不也存在着这样的地方，让人们停留，让人们在静止中更好地感受时光流逝？就像空气，就像水，就像夜空的卫星——那些好奇的小星星。”保罗·安德鲁（Paul Andreu）是这样解释他对建筑的想象。

一纸规划之前，我们脑海必定是以满足向往和渴望而前行的。一个城市，它要值得被厚爱，拥有力与美，能保护也能邀请市民共赴日夜，而不是任何人或权利的样板。中轴线的生态想象是十分和美的，“散步去”，就像日常里最平凡的邀约，又是一种渗入个人生活里的习惯。于是中轴线可散步的绿地，就显得何其珍美和宝贵了。

2017 年的夏天，深圳市规土委正式公示了《福田区中心区空中连廊详细规划》，4 万平方千米的空中连廊将正式连通。在人造世界里寻找“野趣”，某种程度是一种幻觉机制。日本的城市居民，会出于“自卫”自发地在私用空间寻找绿化方法，将零碎的公共用地置换成林荫景观。作为现代景观开端的纽约中央公园，将园林第一次演变为公共空间，陌生的客人流连于此。那么深圳呢，当初起伏的空中连廊，拥有一片飘忽不定绿色的云，这个在规划图上看起来如此浪漫的空中漫步，曾几何时，几乎像海市蜃楼一样只能成为一种都市传说。重要的不是区域的隔断、不是没有门与标示，而是一切好奇都得不到应有的解答。公共区域的开放性，往往有时会像速写纸一样健忘，潦草的几笔下来，阅读者了了，谁也无法深信，这是属于我们的绿意。

第 19 届世界植物大会在会展中心开展，这个听起来十分绿意盎然的组织藏在了冷气里。市民中心的平台，因为这次大会的开展用花卉建造了一条“时间长廊”，万物的签名是一种专注的诱惑，顺着长廊的小路往上走，散步者不知不觉就会“进山”。到达山顶的时候，一如旅游手册中的景点，人群在邓小平的雕像前合影，一种英雄式的俯瞰，这个城市，还在生长，包含了真实的树木和土壤，也有人造的隐喻与奥义，所有一切都是生动的角力。

日常向往

1990 年福田中心区成立时，我才刚出生。我们家虽然没有生活在深圳，但家庭生活却总与深圳相关。作为第一代深圳移民的姑姑，会给奶奶家订《深圳晚报》《深圳特区报》，子女如果不能在身边，也希望父母能看到自己所在城市的消息。

新的、快的、未知的，报道里的深圳总透露出一股热火朝天的气息，即使远观，仍然能感受到这种热烈的干劲。当时的深圳正在经历第一波房地产开发热潮，但中心区的土地被留下来了，作为城市规划的储备空间。在 1988 年编制的福田分区规划现状图内，当时 70 多平方千米内，周围基本建好了，但在中心区的位置上却留着一块方形空地。

接下来的 10 年，福田中心区不仅被规划定位为深圳的 CBD，深圳也在经历着“特区二次创业”。1996 年，经过一年的征集和筛选，市政厅（之后的市民中心）方案诞生了；1998 年 12 月 28 日，音乐厅、图书馆、少年宫、广电中心等六大重点工程举行奠基仪式，福田中心区的模样一步一步，逐渐清晰起来。

奶奶在 20 世纪 90 年代初期曾经在深圳居住过，除了通过深南大道到达罗湖，并没有太多的目的地。农地、池塘、荔枝林，直到 2009 年我入读深圳大学，她依然觉得我是在城外，在郊区，嘱咐我周末可以进城玩玩。

在我入学的第一个周末里，我的深圳朋友带我来了市民中心，在深圳图书馆办了借书证。我在这里阅读、行走，并开始尝试理解这座城市。

2017 年年初，中心书城的小书吧内，建筑师、诗人、公益组织负责人，来自不同行业的“深圳人”，在为一个园子讨论着。20年前，中心区的北中轴线上规划出“诗、书、礼、乐”四个园子，其中“乐园”和“书园”已建成。而“诗园”和“礼园”，则成了一个伏笔，是深圳CBD最后的两块地。不想单纯地复制，政府选择了让公众参与到讨论之中。建成后的园子，将会是CBD的收官之作。

有时间的轨迹，也有建设的痕迹，一个城市的留白与成长，往往是属于几代人的记忆群岛，带着时代的微光。

好奇其实是游人的特征，眼眸上笼罩着滤镜。而生活在城中的倦客，往往是低着头沉默的大多数。19世纪的法国诗人查尔斯·波德莱尔（Charles Baudelaire）将“闲游者”形容成一个“城市街道之中闲游的绅士”，闲游者的出行，既是一种对既成事实的依赖和欣赏，同时也是一种个人重新解释集体的契机。

目光是听从了谁的演说，才开始慢慢向这里靠近？如果建筑给了这个城市太多表达，那么那些无意识的空间，则显得如此引人入胜。就像那条尾巴一样夹在民田路之间的中心区二号路，因为那些落叶覆盖的现代汽车考古坑，视线不自觉地受到了邀请。这条普普通通的道路，有过设计师的头脑风暴，也有过艺术家的异想天开，但这些，早已不重要了。

平衡代表着脆弱，深圳有着稚气未开脱的天真文明，但理性有时也是妖魔之梦，在规划与想象之间，目光是我们最终的焦点。

后

后记

刘磊 *

在本书的策划过程中，我们收集和参考了大量文献，包括出版物、竞赛资料和其他相关档案等，比较了空间现状和之前的方案图纸的差异，思考过程演变的缘由。调研工作是从了解中心区开发建设办公室开始，前前后后查阅了中心办组织的很多规划、城市设计和建筑竞赛以及设计成果的资料。幸运的是，这些档案被多位当时规划的参与者整理并发表，如《深圳市中心区核心地段城市设计国际咨询》《深圳市中心区城市规划实施历程（1980—2010 年）》等书籍，以及《深圳市中心区城市设计检讨》等文章。我们大致根据中心区的各个功能组团来整理这些文献，如中轴线公共空间系统、文化设施、办公区和公共空间等，然后针对具体项目开展详细的阐述并形成本书的主要骨架。

除了通过之前的竞赛成果了解设计构思的演变过程以外，写作团队还对当时的参与者进行采访，挖掘参与的政府工作人员、规划师和建筑师的故事，并穿插在空间发展的叙述中。这些通过口述得到的信息包括中心办运作的始末、日本新陈代谢派大师黑川纪章参与的中轴线设计方案，以及矶崎新设计的文化中心等，它们都是对文献资料的生动的背景补充。

此次集体创作策划是一次城市写作实验。本书内容虽涉及了很多城市规划和建筑设计领域的知识，但其定位是非专业读物。我们希望这些年轻作者可以用平实的语言和配图把有关中心区的城市设计相关知识推广给公众，引起社会的关注和持续的研讨，激发更多的人去主动感受城市，思考城市，参与到城市议题的公共讨论中。

* 刘磊：深圳市城市设计促进中心总监

总策划／出版人　胡洪侠
策划编辑　岳鸿雁
责任编辑　岳鸿雁
技术编辑　杨　杰　林洁楠

图书在版编目（CIP）数据

中心区变形记 / 深圳市城市设计促进中心著 . -- 深圳 : 深圳报业集团出版社 , 2018.10
ISBN 978-7-80709-865-2

Ⅰ . ①中… Ⅱ . ①深… Ⅲ . ①市中心－城市史－深圳 Ⅳ . ① K296.53

中国版本图书馆 CIP 数据核字 (2018) 第 225270 号

本书由深圳报业集团出版社、深圳市城市设计促进中心（深圳市公共艺术中心）策划出版
本书为深圳市文化创意产业发展专项资金资助项目

主编　刘　磊
副主编　邓世杰　袁伟钊
编辑　黄泽碧　余梓宏　陈昱帆
设计　苏定邦　孙文翰
摄影　邓世杰
插画　肖亚茜　kzq
封二　乔　舟
封底　王大勇
作者　袁艾家　江小船　不二　苏瑾　来福　帅虎　万妍　傅娜　J.Cressica Brazier　谢健　严欣然
*作者列表按文章顺次排序

鸣谢单位　荷兰大都会建筑事务所（OMA）
矶崎新＋胡倩工作室
日本日比野设计株式会社
深圳市都市实践设计有限公司
深圳市规划国土发展研究中心
深圳市规划和国土资源委员会 (市海洋局)
深圳市土木再生城乡营造研究所
野人杂志
中国城市规划设计研究院深圳分院

鸣谢个人　陈一新　黄伟文　李明　廖虹雷　马立安（Mary Ann O'Donnell）　钟乔　朱荣远
*鸣谢列表按拼音字母排序

中心区变形记
Zhongxinqu Bianxingji

深圳市城市设计促进中心 著

深圳报业集团出版社出版发行
（深圳市福田区商报路 2 号 518034）
深圳市国际彩印有限公司印制
新华书店经销
开本：787mm×1092mm　1/16
字数：400 千字
版次：2018 年 10 月第 1 版　2018 年 10 月第 1 次印刷
印张：15.5
ISBN 978-7-80709-865-2
定价：68.00 元

＊扫码关注深圳市城市设计促进中心